그해 봄

인혁당 사형수 8명의 이야기

차례

1975 · 13

출근길 | 우홍선 · 29
꽃밭에서 | 김용원 · 81
독방 | 송상진 · 125
노란 바나나 | 하재완 · 163
1분 | 이수병 · 197
여기 살아 있다 | 도예종 · 237
동지 | 여정남 · 273
다들 행복하십시오 | 서도원 · 311

2012 · 351

인혁당 사건이란?
1975년 4월 9일 – 사법사상 암흑의 날 · 373
사법살인의 책임자들 · 380

추천의 말
인혁당 유가족들의 아픔을 함께 나누며 · 382
작가의 말
봄날 피어나는 꽃처럼 · 384

이 만화는 인민혁명당 재건위원회 조작사건
사형수 8명의 유가족들과 선후배 동지들의
증언을 바탕으로 만화로 재구성하였습니다.

탕!

타탕-!

투투투-

타타탕-

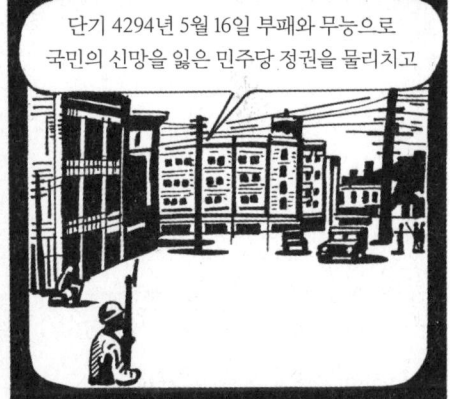

1975

육군 제1교도소 군종실장으로 근무 중이었던 나는 오후 5시쯤 전화 한 통을 받았습니다.

예, 알겠습니다. 즉시 본부로 가겠습니다.

충성!

응, 박 대위! 자네 내일 사형에 종교 담당으로 참관하게 됐어!

* 서대문형무소 : 1908년에 설립된 교정 시설로 2차 인혁당 사건 당시 '서울구치소'로 불렸고, 지금은 서대문형무소역사박물관으로 운영되고 있다. 서울구치소는 1987년 경기도 의왕으로 이전해 독자들의 지리적 이해를 돕기 위해 서울구치소를 서대문형무소로 표기한다.

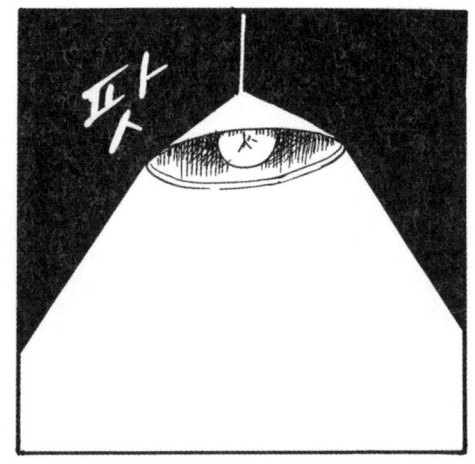

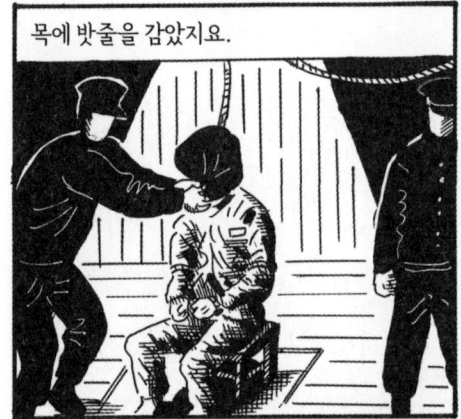

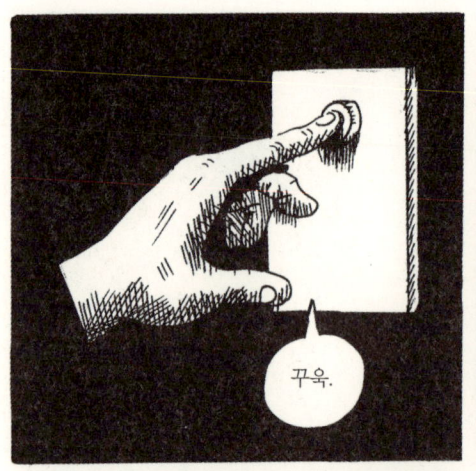

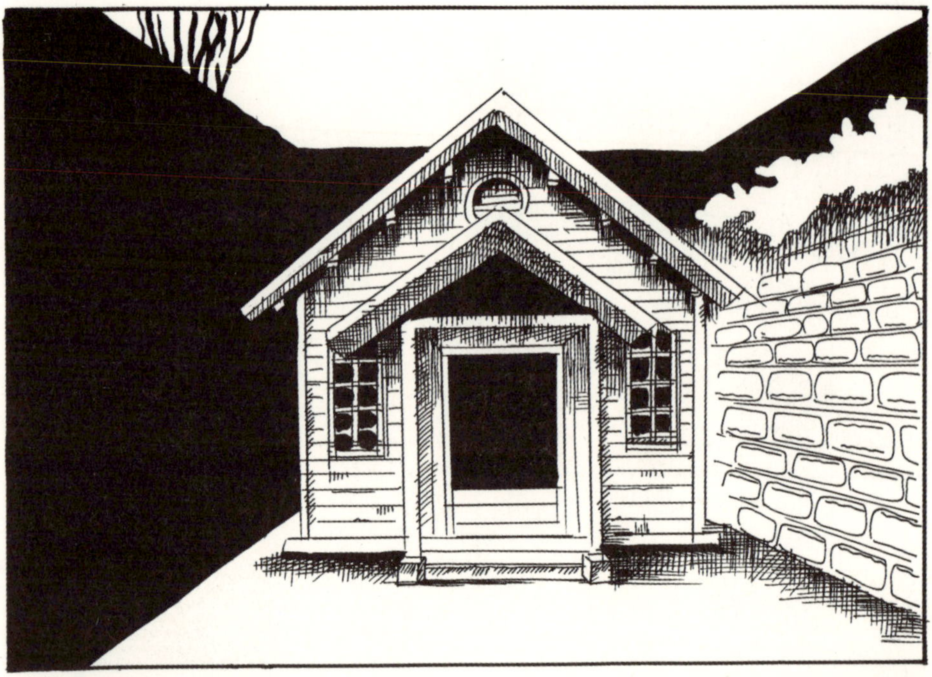

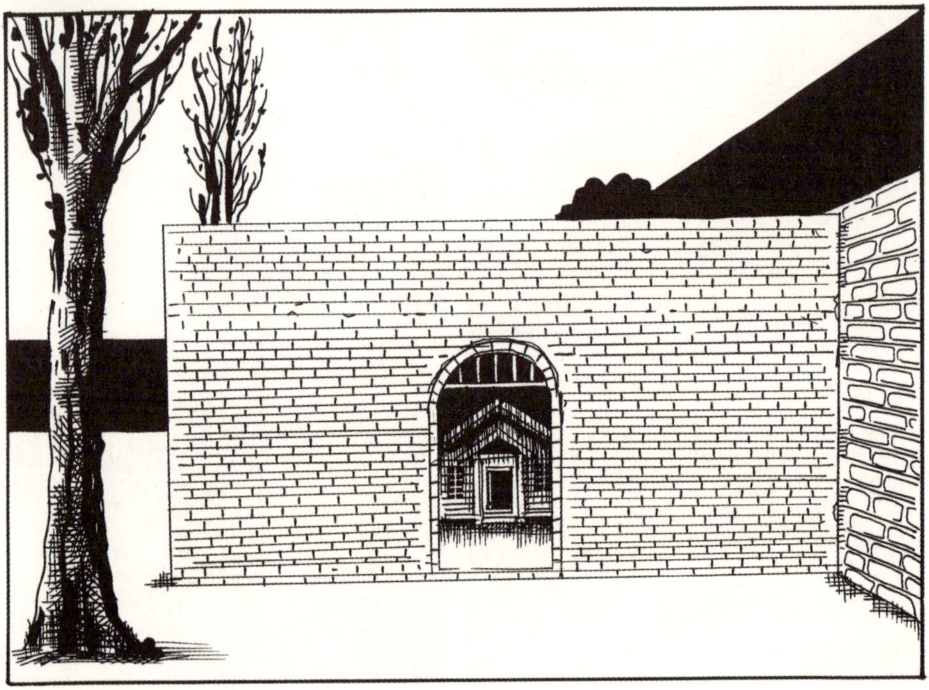

출근길

우홍선. 1930년 3월 6일 출생(당시 나이 45세), 한국골든스템프사 상무

우홍선은 고등학교 때 학도의용군으로 육군 종합
제31기생 소위로 임관되어 6·25전쟁에 최전선에서
참전했으며, 부상으로 피를 많이 흘렸다고 합니다.
그 뒤, 병참 장교로 근무하다 제대했습니다.
 제대한 뒤에는 무역업을 하는 친정아버님 친구 분
도움으로 무역회사를 경영했습니다.
우홍선은 1964년도 조작된 1차 인혁당 사건에도
연루되어, 비누 원료인 유지 도매업을 벌여 놓고
고스란히 피해를 입었습니다. 1차 인혁당 사건이
종료되고 제일충전지 회사의 서울지사를 받아
운영하였으며, 그 뒤 원융건설회사의 경리부장으로
근무하였으며 연행 당시에는 한국골든스템프사
상무로 근무하였습니다.

우리 둘은 서로 많은 편지를 주고받았습니다.
특히 우홍선이 대구에 있는 부대에 근무할 때는
그는 대구에 있고 저는 부산에 있었는데도
하루도 빠짐없이 편지를 주고받았습니다.
대구에서 연락병이 아침에 부산으로 올 때
남편 편지를 가지고 은행 출근버스 정류소 앞
가게로 오면 저는 그 편지를 받아 보고
은행 근무 중 점심시간에 답장을 써서 퇴근 시간에
연락병에게 전해 주곤 했습니다.

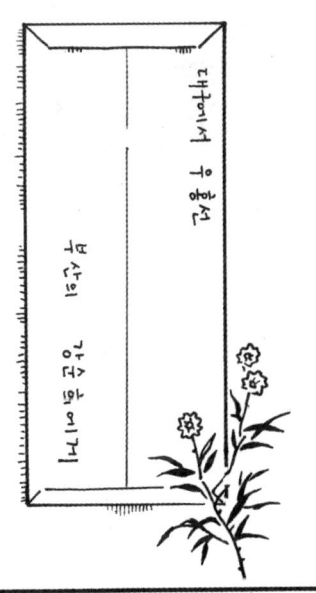

남편 우홍선이 이 세상에 없다면
나도 숨을 쉴 수 없을 것 같은 느낌으로
사랑하였습니다. 우리는 둘 다
영화를 좋아했습니다. 아이들이
어릴 때도 극장에 데리고 가곤 했습니다.
아기를 데리고 가려면 준비가 많이
필요하니까 우홍선은 저의 스커트를
다리면서 밖에 나가서 말하지만
말라고 하며 도와줄 정도로
자상했습니다.

1972년도에는 제가 폐렴에 걸려 병원에
입원하였습니다. 퇴원하고 나서도 집에서 오랫동안
치료를 받았습니다. 간호원이 집으로 와서 주사를
놓아 주었는데 주사를 잘 놓는 간호사였지만
바늘 들어갈 때 한 번은 따끔하니 아팠습니다.
나중에는 경비도 부담이 되어 남편 우홍선이
주사를 놓는데, 주사약을 적당히 차지 않게 덥혀서
한 번도 따끔하지도 아프지도 않게 주사를
놓아 주곤 하였습니다. 그동안 공연히 경비도
부담되고 아픈데 간호사의 도움을 받았다고
후회하며 같이 웃었습니다.

그리고 남편 우흥선은 농담처럼
'나는 죽으면 집마당에 묻히고 싶다'고
하였습니다. 날마다 식구들을 만날 수
있게 그러고 싶다고 하였습니다.
돌이켜 생각해 보니 아마도 저보다
미리 갈 것을 예견했던 것 같습니다.
그래서 저는 남편 무덤 가까운
곳으로 이사 왔습니다.

막내딸이 엄마를 아주 많이
좋아하니까 남편은 막내딸에게
'너는 왜 이름이 우○○냐?
엄마는 강순희인데.' 하고 놀리고 막내딸은
'나도 강○○야!' 하며 대답했습니다.
그러던 아이가 조금씩 철이 들면서
아빠가 '너 강○○지?' 하고
놀리면 '아니야, 난 우○○야!'라며
아빠를 좋아하기 시작했는데….
아빠는 영영 돌아오지 못했습니다.

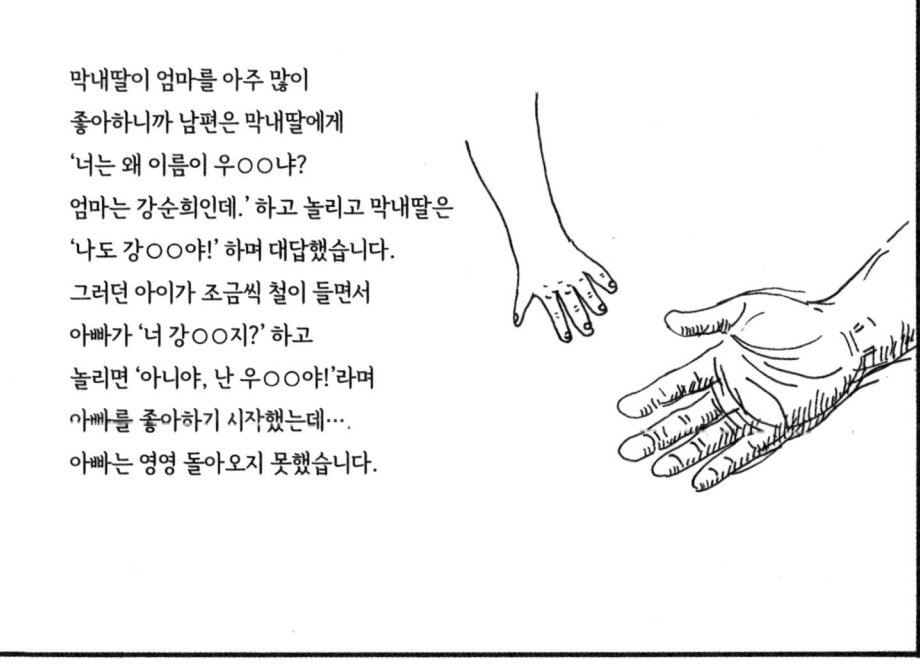

남편 우홍선은 저에게 늘 오늘보다는 내일,
내일보다 그 훗날 더 좋은 남편이 될 거라고 말했습니다.

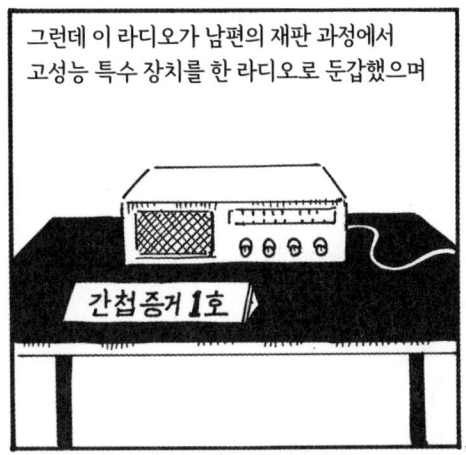

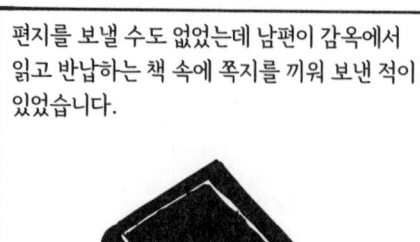

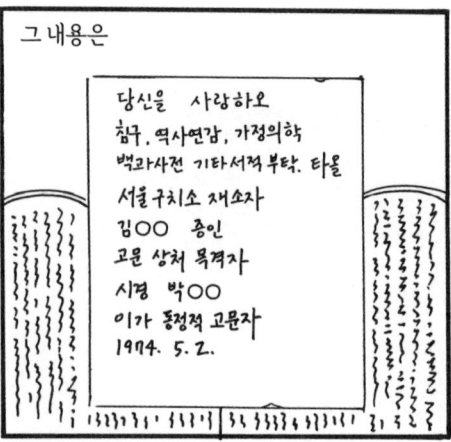

* 와허증: 허리 통증으로 옥방에서 누워도 좋다는 형무소 측에서 발급한 허가증이다.

1974년 7월 8일 첫 재판이 헌병사령부 법정에서 이루어졌습니다.

재판에는 피고인의 가족 가운데 한 사람만 참석이 가능했습니다.

남편 우홍선은 재판에서 진술할 때 고문 사실을 폭로했습니다.

재판장님.

저는 전창일, 이수병과 다방에서 만난 사실은 인정하나 정부 전복의 모의를 한 사실은 전혀 없으며 이북 방송을 들은 일도 없습니다.

* 민청학련 사건 : 1974년 4월 '전국민주청년학생총연맹'을 중심으로 유신 반대 운동을 벌인 학생과 사회인사 180명이 구속 기소되었다.

중정에 심문을 받으러 갈 때 내가 탄 차가 교통신호 위반을 하고 마구 달렸습니다. 나는 횡단보도에서 파란불을 보고 건너다가 중정을 갈 때 내가 탔던 차처럼 교통신호 위반을 하는 차에 치여 사고가 난 기분입니다.

현명하신 재판장님. 옛부하의 어려운 처지를 통찰하시어 바르게 판결하여 주시기를 바랍니다.

……

피고인 우홍선이 북한으로 보냈다는 김상한은 동아대 교수로 나와 절친한 사이였으며, 피고인 우홍선이 보낸 것이 아니라 미국 시아이에이(CIA)에서 김상한을 북으로 보냈으며

간첩 김배영 역시 피고인 우홍선이 보낸 것이 아니라, 당국의 수배에 피할 곳이 없어 일본에 있는 구둣방을 하는 형의 집으로 피했으나 그곳에도 있을 수가 없어 하는 수 없이 북으로 가 그때부터 공산주의자가 되었다고 하고, 살리려고 회유하였으나 처형당하였습니다. 김배영 사건은 본인이 담당했던 사건입니다.

또한 10년 동인이나 요시찰 인물로 감시를 받아오면서도 우홍선은 한 번도 수사기관의 심문을 받은 사실이 없었습니다.

이 점만으로도 정보원들도 피고인의 무고함을 알면서, 고의로 사건을 조작하여 정치 제물로 삼으려 하였음이 명백합니다.

엄마는 날마다 반 미친 사람처럼 아침 일찍 나가셔서 밤늦게 황망스럽게 들어와 밤늦도록 탄원서를 쓰셨습니다. 엄마가 늦게 들어오는 날에는 엄마마저도 어찌 되는 건 아닌가 하여 어린 마음에 마당을 서성였고, 펑펑 울며 탄원서를 쓰는 엄마의 목소리를 들으며 이불을 뒤집어쓰고 소리 죽여 울었던 기억이 납니다.

우홍선의 둘째 딸

구명 운동을 하다가 중앙정보부에 영장도 없이 끌려가서

아버지를 접견했던 적은 없습니다.
한 번도 허용되지 않았습니다.

우홍선의 막내딸

아버지는 내게 어렴풋한 냄새로만 기억되고, 나는 아버지에게 정을 잘 안 주는 새침한 막내로만 떠돌다가

아버지가 그렇게 잡혀 들어가고나서 아버지는 내게 절실한 존재가 되었습니다.

아버지가 꼭 살아 돌아오시기를 바라는 간절한 마음으로 한 번 마주 보지도 못했습니다.

그러던 어느 날.

얘들아, 아버지 보러 가자!

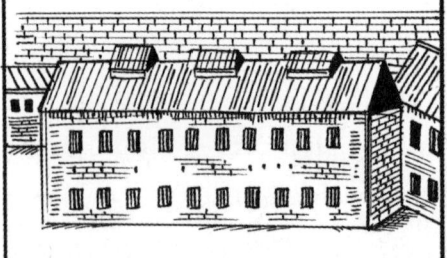

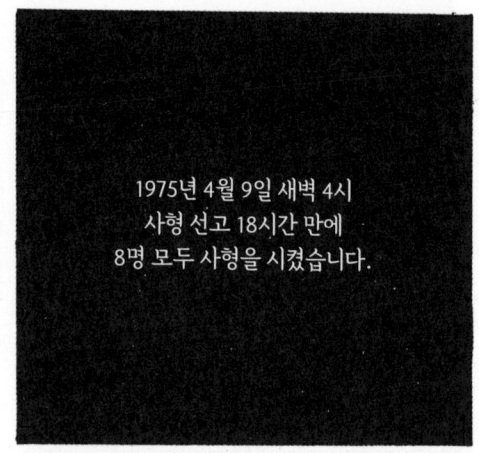

1975년 4월 9일 새벽 4시
사형 선고 18시간 만에
8명 모두 사형을 시켰습니다.

4월 9일 시신을 인수하였습니다.
제가 쓰러져 갈 수가 없기 때문에 열여덟 살
큰딸이 이모부와 같이 갔습니다.

형무소에서 큰딸이 너무 어리다고 거절하자

너무 어려요! 안 돼요.

우리 아버지 1년 동안
한 번도 보지 못했어요.
꼭 봐야겠어요!

하니 보여 줬다고 합니다.

이 관이 맞으니
가져가라!

그날, 학교는 가기 싫어도 가야 하는 곳이기 때문에, 나는 다른 날보다 더 의기소침해져서 학교로 갔습니다.

우홍선의 막내딸

학교로 가는 내내 어머니가 했던 말만 되풀이해 생각했습니다.

절대로 죽이지는 못할 거라는….

점심시간이 끝나고 체육시간이었는데 나는 운동장에서 반 아이들과 함께 줄을 서 있었습니다.

담임 선생님이 우리 쪽으로 오다가 안내방송을 듣고 다시 교무실로 들어갔습니다.

우리는 줄을 서 있다가 땅바닥에 앉아 기다렸습니다.

노는 시간에도 단체로 놀아야 한다니…. 그 당시 내가 다니던 국민학교라는 곳의 분위기가 어떠했는지 단적으로 알려 주는 말입니다. 	교문에 들어서서 대여섯 걸음을 걸어가 하수도가 흐르는 구멍이 숭숭 뚫린 벽돌이 있는 자리에서 국기에 대한 경례를 해야 합니다. 
안 하면 주번이 잡아 교무실로 끌려가게 됩니다. 	국기에 대한 경례를 하는 자세가 불량해도 안 됩니다. 고개를 약간 위로 젖히고 경건한 마음으로 국기를 바라보아야 했지요. 
그 옆에는 붉은 글씨로 10월 유신을 찬양하는 현수막이 펄럭이고 있습니다. 	내 아버지를 끌고 가 피투성이를 만들고 있는 그 10월 유신을 찬양하는 글귀가 말입니다. 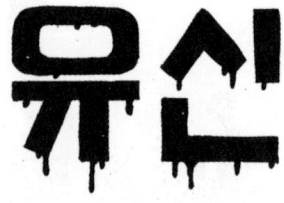

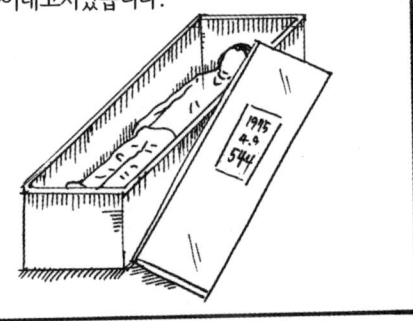

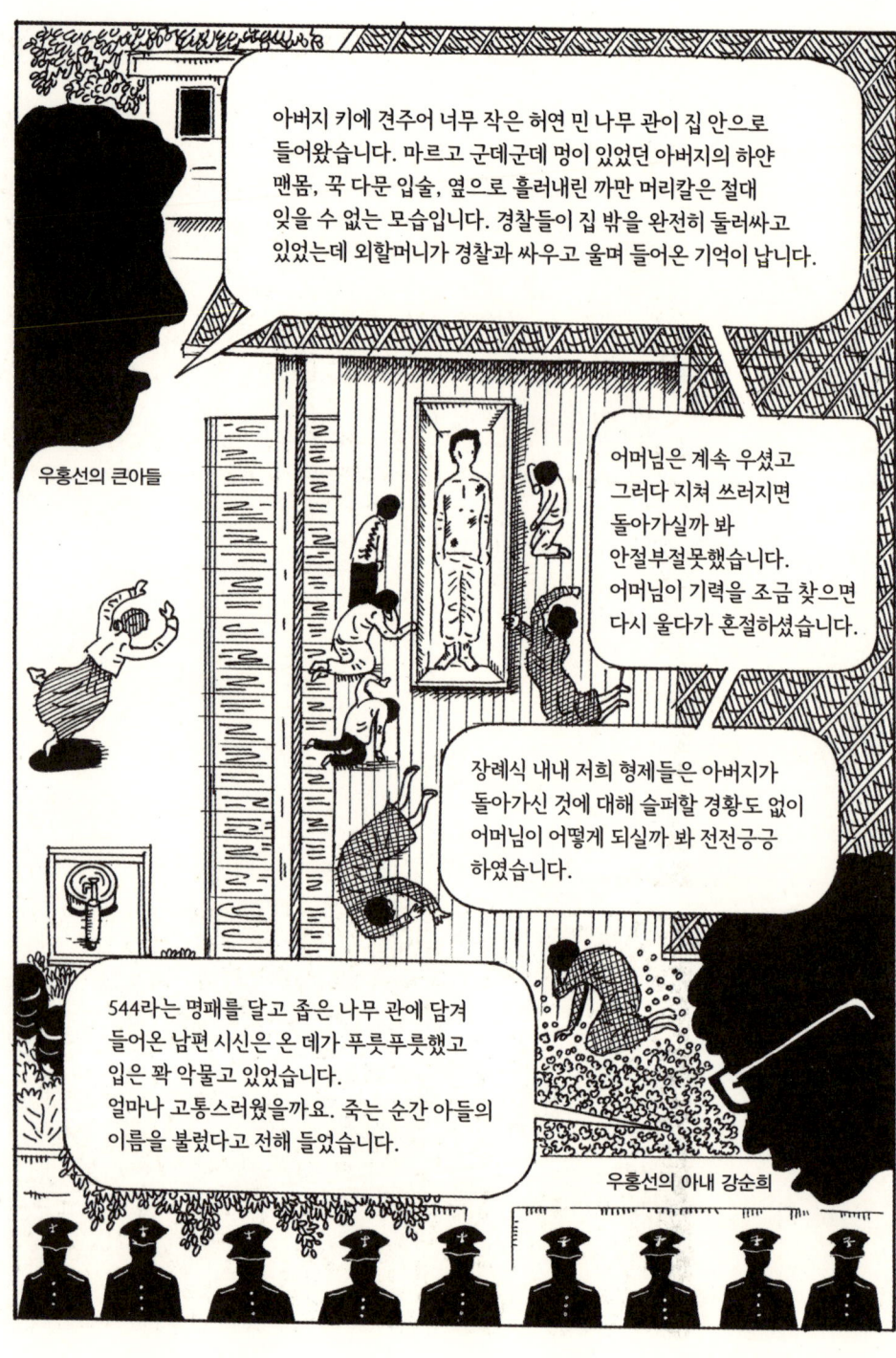

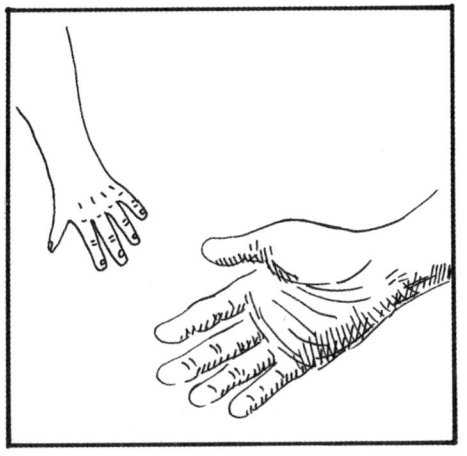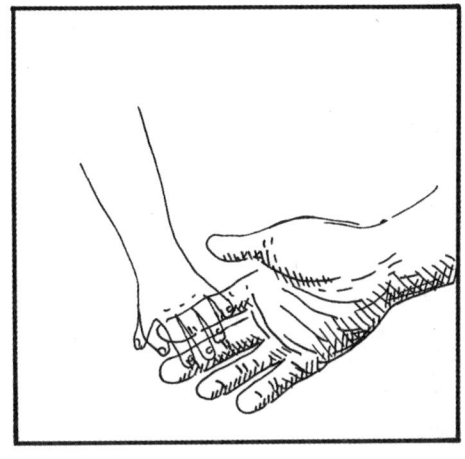

내가 아버지의 손을 잡아 본 것은 결국 싸늘한 시신으로 돌아온 그날이었습니다.

나는 그것이 아버지라고 믿을 수가 없었습니다. 내 손으로 아버지의 손을 녹여 주면 다시 따뜻한 몸이 되어 살아날 것 같았습니다.

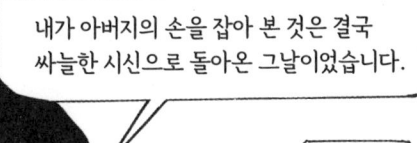
우홍선의 막내딸

아빠.

아니면 처형되기 직전에 아버지는 도망가고 가짜 시신이 집으로 온 것이라 생각했습니다.

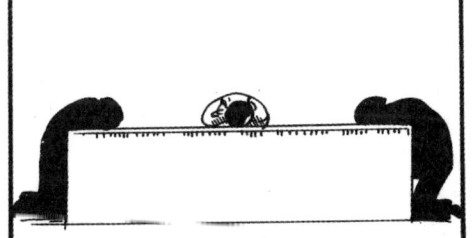

저는 지금도 아버지의 꿈을 꾸면 아버지가 여기저기 도망을 다니다 집으로 몰래 숨어 와 배가 고프니 밥을 차려 달라고 하는 꿈을 꿉니다. 그러면 나는 '그것 봐라, 아버지는 멀리 도망을 가서 살아 있을 줄 알았다'며 밥을 짓는 꿈을 꿉니다. 매번 되풀이되는 꿈입니다. 젊은 날엔 더 자주 꾸었습니다. 마음이 어지럽거나 몸이 아프면 꼭 아버지 꿈을 꾸었습니다.

밥을 지어 아버지께 드리고 아버지를 또 어딘가로 몰래 도망시키는 그런 꿈입니다.

우홍선의 막내딸

그런 꿈에서 깨고 나면 현실이 꿈이기를 바라게 됩니다.

어서 끝나기를 바라는 지긋지긋하게도 긴 꿈 말입니다.

치익.

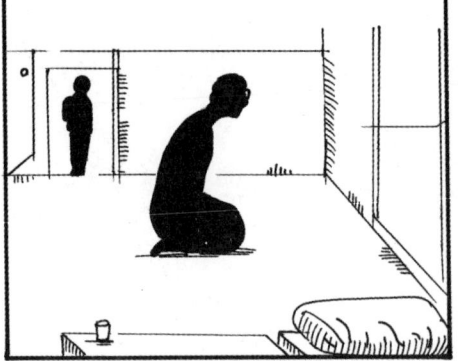

아버지가 돌아가신 뒤 어머니는 넋을 떠나보낸 산송장처럼 하루하루를 보냈습니다.

햇빛을 보지 않고 어두운 방에만 우두커니 앉아 있다가 밤이 되면 장대비 쏟아지듯 울기만 했습니다.

어머니 옆에서 같이 자던 나도 따라 울었습니다. 그러면 건넌방에서 큰언니가 울고 부엌에선 작은언니가 울었습니다.

울다가 지쳐 탈진한 어머니에게 물을 드리려고 밖으로 나가면 벌겋게 부은 눈의 작은언니가 눈을 흘기며 물을 따라 주었고, 우리는 그렇게 서로를 흘겨보고 미워하며 등을 돌리곤 했습니다.

마음속의 증오와 절망, 혼까지 태워버릴 것 같은 분노를 서로에게 말고는 아무에게도 표현할 수가 없었으니까요.

그렇게 몇 해를 보내고 어머니는 실명을 할 뻔했습니다. 한쪽 눈이 보이지 않으셨어요. 병원에서도 손을 쓸 수가 없겠다고 했습니다.

장례식이 끝난 뒤 그동안 자주 보던 친척이나 부모님의 친구 분들이 조용히 찾아 왔다가 작은 소리로 위로의 말을 전하고

무엇에 쫓기듯이 황급히 돌아가는 모습을 보면서 항상 행동은 조심스러웠고 마음은 불안했습니다.

아버님이 돌아가시고부터 수년 동안 식구들은 주마다 한 번도 빠뜨리지 않고 아버지 산소에 갔습니다.

그런데 늘 어떤 남자가 우리를 미행해서 우리는 버스를 안 타고 있다가 급하게 타서 그 남자를 따돌리기도 했습니다.

항상 주변에는 우리를 감시하는 사람이 있다는 생각에 길을 가다가도 불안한 마음에 뒤를 돌아보곤 했습니다.

형사들이 사형 집행 후에도 계속 집으로 찾아왔습니다. 대구 가족, 친척으로 가장하여 오기도 했습니다.

* 민복기 : 1913년 친일파 민병석의 아들로 태어나 일제강점기에 판사가 되었으며 인혁당 재건위 사건 당시 대법원장이었나.

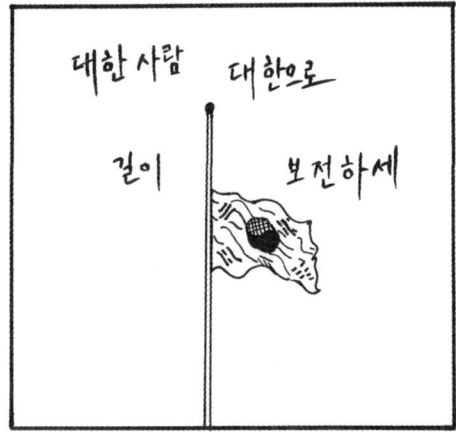

아버지가 돌아가신 뒤 정신적 고통이란, 바로 내가 살아 있고 살아가야 한다는 것입니다. 그건 지금도 마찬가지입니다.

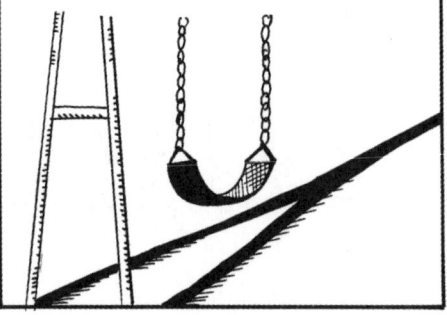

세월이 아무리 흘러도 지워지지 않는 고통이 있습니다. 그것은 몸 한 귀퉁이에서 시작해 온몸으로 퍼지는 암세포와 같은 것입니다.

어떤 고통을 겪었더라도 아버지만 살아 돌아왔다면, 아니 아직 수감 중이더라도 살아만 있다면 벗어날 수 있었을지 모릅니다.

나는 서른이 될 때까지 아버지를 그리움의 대상으로 떠올려 보지 못했습니다. 아버지의 죽음과 관련된 사건과 그 뒤 성장과정은 너무 고통스런 기억이라

아버지라는 한 사람은 그 기억에 묻혀 버린 것이지요.

2005년 12월 7일
국정원 과거사진실규명위원회는 인혁당 사건이 박정희 정권에 의해 조작, 과장됐다는 조사 결과를 발표했습니다.

인혁당 재건위 사건으로 8명에게 사형을 언도한 근간이라 할 수 있는 공판 기록은 단순한 조작이 아니라 공판장에 의해서 쓰여진 시나리오입니다.

제가 재판정에서 들었던 내용과 남편의 공판 기록은 전혀 다른 내용이었습니다.

2007년 1월 23일 서울중앙지방법원은 재심에서 사형당한 8명 전원에게 무죄 판결을 내렸고, 이로써 32년 만에 진실이 빛을 볼 수 있게 되었습니다.

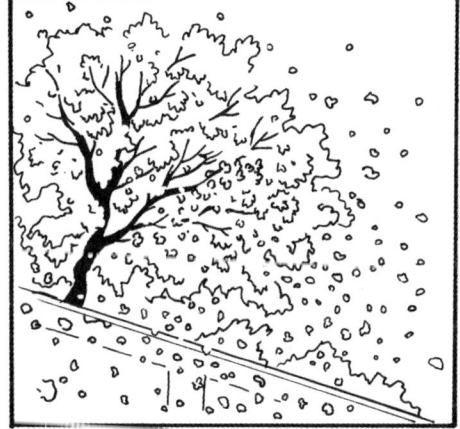

세월아 가거라

빨리 가거라

내 슬픔을 안고

빨리 가거라

멀리 멀리

세월아 가거라

꽃밭에서

김용원. 1935년 11월 10일 출생(당시 나이 40세), 경기여자고등학교 교사

꽃밭에서 | 김용원

남편 김용원이 인혁당 재건위 사건으로
체포되었던 1974년 4월 18일 당시 저는 만 36세로
전업주부였습니다. 아들 하나와 딸 둘을 두고
있었으며 서울 강서구 방화동에서 온 식구가
아이들의 재롱을 보며 화목하게 살았습니다.

제가 스물여섯 살 되던 1963년 가을,
친오빠의 소개로 남편 김용원을 처음 만나게
되었습니다. 당시 남편은 오빠 집에서 방을
한 칸 얻어 자취를 하고 있었는데
오빠 집에 몇 번 오갔던 저를 보고
혼자 애정이 싹터 고민하고 있는 것을 본
남편의 친구가 제 오빠에게 그 사실을 알려
성사된 만남이었습니다.

연애 경험이 한 번도 없었던 저는
남편과 수줍게 만나 사랑하는 마음을 키워 왔고,
다음 해인 1964년 여름에 결혼을 하였습니다.
저와 결혼 생활은 채 10년이 되지 못했습니다.
짧은 기간 동안 아이 셋을 낳아 어려운
형편이지만 알콩달콩 살았던 그 세월은
행복을 실감하기도 전에 끝이 난
꿈같은 시절이었습니다.

남편은 매우 뛰어난 수재였습니다.
남편은 명문인 부산고등학교를
다녔는데 2학년 때 집안 형편 때문에
학교를 중퇴하고 대입 검정고시를 보게
되었습니다. 그때 남편은
전국 수석으로 검정고시에
합격하여 〈국제신문〉에 크게
보도되기도 하였습니다.

남편은 서울대학교 물리학과에 진학을 하였습니다. 남편의 학교생활은 자세히 알 수 없으나 친구들과 우정을 돈독히 하며 지냈다는 것을 많은 친구들로부터 들을 수 있었습니다. 자신이 학교에서 장학금을 받게 되면 시골집에서 부쳐 온 등록금을 형편이 어려운 친구를 위해 선뜻 내주기도 하였습니다. 그처럼 의리를 중요시했던 탓인지 주변에는 항상 친구들이 많았습니다. 그러한 성품은 결혼 뒤에도 마찬가지였습니다.

남편은 결혼 즈음부터 교편을 잡았습니다. 처음에는 동양공고에서 시간 강사로 학생들에게 물리를 가르쳤습니다. 그때 살림은 무척 빠듯했습니다. 단칸방을 전전하며 어렵게 생계를 유지해 나갔습니다. 그 뒤로 동양공고에서 정교사가 되어 살림이 약간 나아지면서 조금씩 저축을 할 수 있었습니다.

1969년에는 어렵지만 방화동에 작은 집을
마련할 수 있었습니다. 서울 변두리의
보잘것없는 조그만 집이었지만 그때의
기쁨은 정말 컸습니다. 이제는 남편과 함께
아이들을 잘 키우는 데 전념하며 행복하게
살자고 서로 다짐했습니다. 그 약속은
아직도 지키지 못한 채 남아 있습니다.
그 행복은 오래가지 못했지만 남편이
떠난 뒤 오랜 시간을 좋았던 기억으로
버텨 나갔던 것 같습니다.

그러던 어느 날 남편은 이왕 교사를
할 바엔 정식으로 교육공무원이 되는 것이
좋겠다고 말하더니 며칠 동안
집에서 공부를 하는 듯했습니다.
그리고 남편은 교사 임용고시에서
전국 수석으로 합격을 하였습니다.
그제서야 저는 남편이 듣던 대로
정말 수재라는 것을 실감하고
무척 자랑스럽게 생각하였습니다.
그리하여 남편은 경기여고에 발령받아
1974년 체포 될 때까지 물리 교사로
그곳에서 재직하였습니다.

남편의 외모는 다부지고 남자다웠습니다. 워낙 강한 인상 때문에 첫인상이 무섭게 보이기도 할 정도였습니다.

하지만 그런 외모와 달리 세심하고 다정하고 유쾌한 사람이었습니다.

하하하하.

다른 집 남편들과 다르게 '나는 당신을 많이 사랑하는데, 당신은 나를 사랑하느냐?' 하고 물어 저를 민망하게 만들곤 했습니다.

그런 질문을 받으면 저는 부끄러워 대답도 못 하고 그냥 웃기만 했습니다.

호호호호.

나는 당신을 많이 사랑하는데 당신은 나를 사랑해요?

남편이 그렇게 빨리 떠날 줄 알았더라면 한 번이라도 '저도 당신을 사랑해요' 하고 말했을 텐데….

한번은 시아버님이 많이 편찮으셔서 방학 동안 남편이 고향집에 한 달 간 내려가 떨어져 지낸 적이 있었습니다.

그때 남편이 연애 시절 때처럼 절절한 연서를 보내 주기도 했습니다. 물론 거기에는 아이들에 대한 걱정과 그리움도 함께 담겨 있었습니다.

남편이 보낸 서신 중 지금 남아 있는 것은 그것 한 통뿐인데 지금도 그 편지를 보면 남편의 세심한 애정을 다시 느낍니다.

남편은 종종 반찬거리를 사다 주기도 했는데
한번은 참치 한 마리를 통째로 사 온 적이
있었습니다. 다섯 식구가 먹기에 너무 큰 고기를
남편은 직접 썰어 요리를 해 주었습니다.
그처럼 참 다정다감한 사람이었습니다.
냉장고도 없던 시절에 남은 생선을 어떻게
두고 먹었는지 모르겠습니다.
그 생각을 하면 지금도 빙그레
웃음이 납니다.

반찬거리뿐만 아니라 집안일에 필요한 물건들을
많이 사 주었는데 한번은 아이들에게 옷을 짜
입히라고 뜨개질용 실을 사 온 적도 있었습니다.
그 양이 하도 많아서 남편이 돌아가고 한참 뒤에도
그 실로 아이들의 스웨터나 바지를 계속 짜 입힐
정도였습니다. 근검절약이 신조였던 사람이
왜 그렇게 많은 양을 사 왔는지는 모르겠지만
식구들에 대한 애정으로 그렇게 행동한 게 아닌가
싶습니다. 어쨌든 그만큼 통도 크고 유쾌했던
분이었다는 생각이 듭니다.

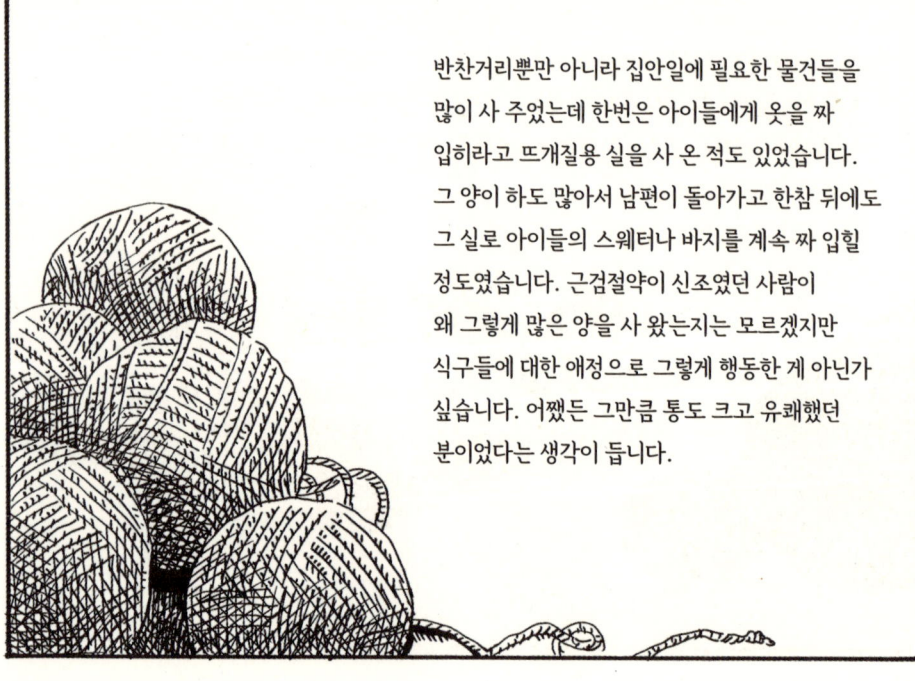

자녀를 둔 아버지라면 다 그러하겠지만 그래도 아이들 사랑은 각별했던 것 같습니다. 언제나 입버릇처럼 '우리 장남 김○○, 예쁜 김○○, 똑똑한 김○○'라고 늘 말하곤 했습니다. 그러면서도 자녀 교육은 엄격했습니다. 큰아들이 동네 아이들과 싸우고 울고 집에 돌아오면 아이를 무조건 감싸고 돌기보다 강하게 이겨 내도록 야단치곤 했던 기억이 납니다.

지금은 다 자란 아이들이 저마다 바르게 잘 살고 있지만 남편이 살아 있어 함께 아이들을 키워 냈다면 더 잘 키울 수 있었을 텐데 하는 생각이 듭니다. 아버지 없이 자라서 생기는 구김살이나 상처도 없이 더 밝게 자라났을 텐데 말입니다.

책 표지 안쪽에 남편이 검열을 피하기 위해 펜으로 쓰지 못하고 자국만 내어 쓴 짧은 글이 있었습니다.

글에는 어렸을 때 결핵에 걸린 아들의 결핵이 혹시 재발하지 않았는지, 그렇다면 병원에 데려가서 진찰을 받도록 하라는 내용과

고생이 많을 텐데 식구들 모두 어떻게 지내는지 안부를 물으며 자신은 반드시 살아 돌아갈 테니 너무 걱정 말라는 내용이 적혀 있었습니다.

살벌한 감시 속에 몰래 그러한 글들을 남겼을 남편을 생각하면 지금도 너무나 가슴이 아픕니다.

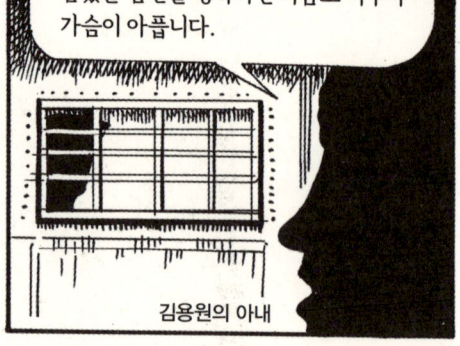

김용원의 아내

집 안에는 이상하게 표지 안쪽에 숫자 '34'가 써 있는 책이 많았습니다. 이것이 무얼까 생각하다가 죄수 번호라는 것을 자연스럽게 알게 되었습니다.

김용원의 막내딸

초등학교도 들어가지 않은 꼬마가 죄수 번호라는 개념을 어찌 알았을지는 모르지만 분명히 아버지가 감옥에 갔고 뭔가 평범하지 않은 까닭으로 돌아가셨는데

그것은 뭔가 비밀스럽다는 것을 느낄 수 있었습니다.

34

수감 중인 남편의 건강 상태는 전혀 알 수가 없었습니다.

내가 서대문형무소 앞에 서 있었는데 조사를 받고 형무소로 들어오는 차 안에서 김용원 씨를 보았어요.

이수병의 아내

형사들에 둘러싸여 앉아 있었는데 멍한 눈빛으로 저도 알아보지 못했고 육체적으로도 매우 고통스러워 보였어요.

재판 참관은 피고인 한 명당 한 명의 가족에게만 허용되었고 기자들의 출입도 통제되었습니다.

피고인들은 모두 포승줄에 꽁꽁 묶였고 양 옆에는 헌병들이 함께 앉았습니다. 이렇게 무시무시한 분위기에서 재판은 일사천리로 진행되었습니다.

피고인들이나 변호인들에게 변론이나 상황을 설명할 충분한 시간도 주지 않았고 어떤 말을 하든 마치 각본에 짜여진 극을 하듯 진행되었습니다.

이런 상황은 1심인 비상보통 군법회의, 2심인 비상고등 군법회의, 최종심인 대법원 재판 내내 마찬가지였습니다.

여정남에게 데모 자금으로 돈을 전달한 것이 사실인가?

돈을 준 것은 사실이지만 그냥 준 것은 아닙니다. 빌려준 것이오.

왜 진술서에는 시인을 하고 이제 와서 부인을 하느냐?

조사 당시에는 상황 때문에 어쩔 수 없었소.

그 밖에도 공소장에 기록된 국가 전복 모의 사실을 남편은 거의 부인했던 것으로 기억하고 있습니다.

아닙니다!

1974년 7월 1심에서 사형 판결이 나자마자 남편의 직장이었던 경기여고에서 파면 통보가 날아왔습니다.

저는 남편의 짐을 찾아오기 위해 막내딸을 등에 업고 경기여고를 찾아갔습니다.

교장실에서 교장이 차갑게, 미리 준비한 남편의 짐이 담긴 작은 상자를 주었습니다.

허 참. 그게 우리도 어쩔 수가 없어요!

동료 교사 누구 하나 다가와서 남편의 안부나 현재 상황을 물어보거나, 걱정이나 위로의 말을 해 주지 않았습니다.

쿨럭.

짐 상자를 들고 아이를 등에 업고 쓸쓸히 학교 운동장을 빠져나오면서 흐르는 눈물을 주체할 수가 없었습니다.

남편이 체포되면서 느끼고는 있었지만, 그제서야 처음으로 남편 없는 세상에 혼자 남겨졌다는 것을 실감할 수 있었습니다.

김용원의 아내

우리는 피고인들의 부인들을 중심으로 구명 활동을 벌였습니다.

그때 저는 두 살이었던 막내딸을 등에 업고 다니며 구명 활동을 함께했습니다.

아이들을 돌보지 못하고 거리를 헤맸지만 당시에는 그런 것조차 생각하지 못하고 정신없이 돌아다녔습니다.

그러다가 1975년 1월 9일 명동성당에서 우홍선 씨 부인 강순희 씨가 호소문을 발표한 일이 있었습니다.

긴급조치가 발령된 공포 분위기의 사회였지만 눈물 젖은 부인의 진심어린 호소에 사회 여기저기에서 관심이 일어났고 동정 여론도 생겨나기 시작했습니다.

이 때문인지 며칠 뒤 피고인의 부인들은 모두 정보부로 소환을 당하고 조사를 받게 되었습니다.

저는 승용차 뒷좌석에 꼼짝도 하지 못한 채 남산 중앙정보부로 끌려갔습니다.

정보부의 어느 취조실이었는데 정확한 위치는 기억하지 못합니다.

그때부터 일은 어떻게 말해야 할지 모르겠습니다. 지금도 그때 일을 생각하면 말문이 막히고 죽고 싶은 심정입니다.

구명 활동을 벌이지 마시오!

남편의 반역 행위를 시인하는 진술서를 쓰시오!

그러나 저는 계속 거부하였고, 그들은 잠도 제대로 재우지 않고 취조를 계속했습니다.

쓰라니까!

싫어요!

시간이 얼마쯤 지난 뒤 저는 목이 말라 물 한 잔을 달라고 하였고 그들은 곧 가져다주었습니다.

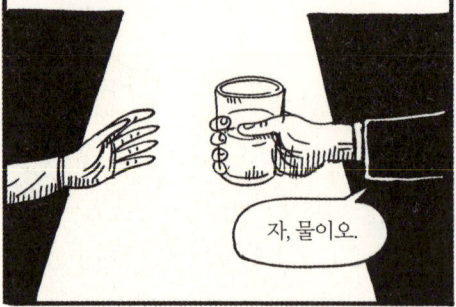

그 물을 마시고 조금 이따 저는 몸에 이상한 변화를 느꼈습니다. 정신이 아득해지고 이상한 흥분 상태에 이르렀습니다.

몸을 가누지 못해 두 번이나 의자에서 떨어져 땅바닥을 기었고 그들은 그런 제 모습을 보며 즐기는 것 같았습니다.

나중에 생각해 보니 그들이 준 물에 들어 있었던 것은 아마도 흥분제(최음제)였던 것 같습니다.

죄 없는 가정주부에게 그들은 어떻게 이런 악랄하고 비인간적인 일을 저지를 생각을 했을까요? 그때를 생각하면 제 자신이 너무나 수치스러운 느낌이 들어 밤에 잠도 이룰 수가 없습니다.

그들은 저를 혼란스럽게 만들어 놓고 계속 진술서 쓰기를 강요했습니다. 진술서 내용은 그들이 불러 주는대로 받아 적게 했습니다.

그렇게 몇 자 적다가 거부하며 진술서를 찢고 또 찢고 수차례 되풀이했습니다.

하지만 제정신이 아니었던 저는 결국 그들이 불러 주는 대로 남편의 죄를 시인하는 진술서를 쓰고 정보부를 나왔습니다.

그 과정이 이틀 정도 걸렸던 것 같습니다.

그런 상태로 집에 돌아온 뒤 수치스러움과 남편의 죄를 시인해 버리고 만 것에 대한 죄책감으로 완전히 제정신이 아니었습니다.

더 이상 살 의미가 없다는 생각이 들었던 것 같습니다.

아이들과 동반 자살을 결심하고 집에 있던 쥐약을 가져다 놓고 남편의 옷과 가족사진, 편지 들을 모아 아궁이에 넣고 불살라 버렸습니다.

쥐약을 아이들과 나누어 먹으려던 순간

제 어머니가 이를 보고 눈물을 흘리며 말리셨습니다.

저와 어머니는 부둥켜안고 대성통곡했고 아이들을 위해, 또 남편이 누명을 벗고 우리에게 돌아오는 모습을 보기 위해 다시 살기로 했습니다.

그로부터 두 달 뒤 어머니가 돌아가셨습니다.

구명 활동으로 정신이 없던 상황에서 임종도 지키지 못했습니다.

살 날이 많이 남지 않은 어머니 앞에서
자살을 하겠다고 몸부림쳤던 것이 얼마나
큰 불효였나 생각하며 가슴을 치며
후회를 했습니다.

어릴 적에 저는 엄마 없이 지낼 때가 많았습니다. 어머니께서
구명 운동할 때나 일하러 갈 때 저를 데리고 다니기도 했지만
가끔은 언니와 둘이서 집에 남아야 했습니다. 그러던 어느 날
마당에 있는 우물에 빠졌던 기억이 납니다. 소꿉장난을 하다가
물이 필요했는데, 우물에 가 보니 수도꼭지에서 물이 제대로
나오지 않아 물을 조금 더 세게 틀려고 하다가 그만 물에 빠진
겁니다. 그때가 다섯 살이었던 것 같은데 이상하게 그때 기억은
생생합니다.

우물 속에서 허우적거리다가 기절을 했습니다.
그리고 깨어나 보니 따뜻한 이불 속이었습니다.
나중에 알고 보니 언니가 동네를 돌아다니며
어른들에게 동생을 살려 달라고 매달려
어른들이 저를 건져 냈던 것입니다.

김용원의 막내딸

소식을 들은 다른 부인들도 거의 다 그곳으로 달려왔습니다. 형무소 앞에서 대성통곡을 하다 정신을 잃었던 것 같습니다.

법치국가에서 어찌하여 이런 일이 있을 수 있습니까? 재심 청구의 기회도 주지 않고 확정 판결이 나고 채 하루도 지나지 않아 사형 집행을 하다니….

엄청난 충격에 형부소 앞을 지키다가 아이들이 있는 집으로 돌아올 수밖에 없었습니다.

돌아와 보니 형사들이 집을 완전히 둘러싸고 집에 드나드는 사람들을 통제하고 있었습니다.

집 앞은 살벌해서 동네 사람들이 감히 문상은 엄두도 못 내고 멀리 서서 수군거리고 있었던 것이 기억납니다.

여긴 왜 왔소? 신분증을 보여 주시오!

어이!

고향에서 올라온 시숙과 시조카들이 아들을 데리고 서대문형무소로 가서 시신을 인수하였습니다.

시신은 보잘것없는 관에 안치되어 나왔습니다.

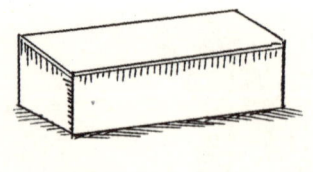

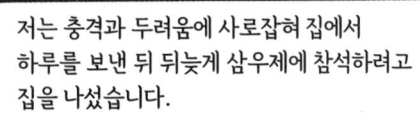

* 김용원 선생 묘역은 2012년 5월 19일 마석 모란 민주 열사 묘역으로 이장하였다.

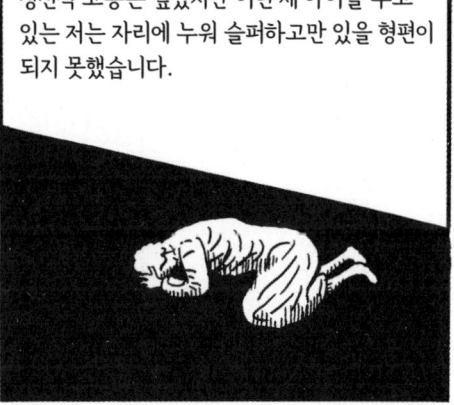

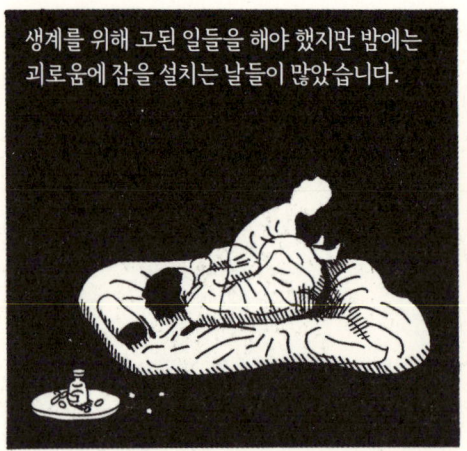

생계를 위해 고된 일들을 해야 했지만 밤에는 괴로움에 잠을 설치는 날들이 많았습니다.

이런 괴로움은 차차 불면증으로 자리 잡았습니다.

그러다가 1982년에 그동안 수감 중이던 생존한 인혁당 관련자들이 특사로 풀려나면서 고통의 강도는 감당하기 힘들 정도가 되었습니다.

남편이 무기징역이더라도 살아만 있었더라면, 사형 집행이 조금만 연기되었더라면….

깊어질 대로 깊어진 불면증에 수면제를 찾는 날이 많아졌지만 마음을 다잡았습니다.

그래서 내린 결론은 잊지 않으면 견뎌 내지 못한다는 것이었습니다.

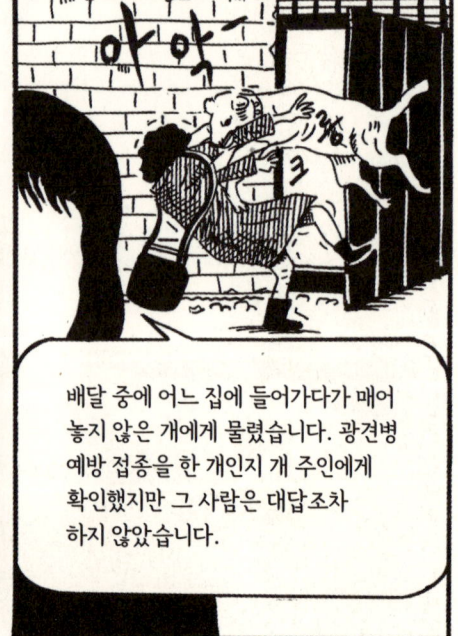

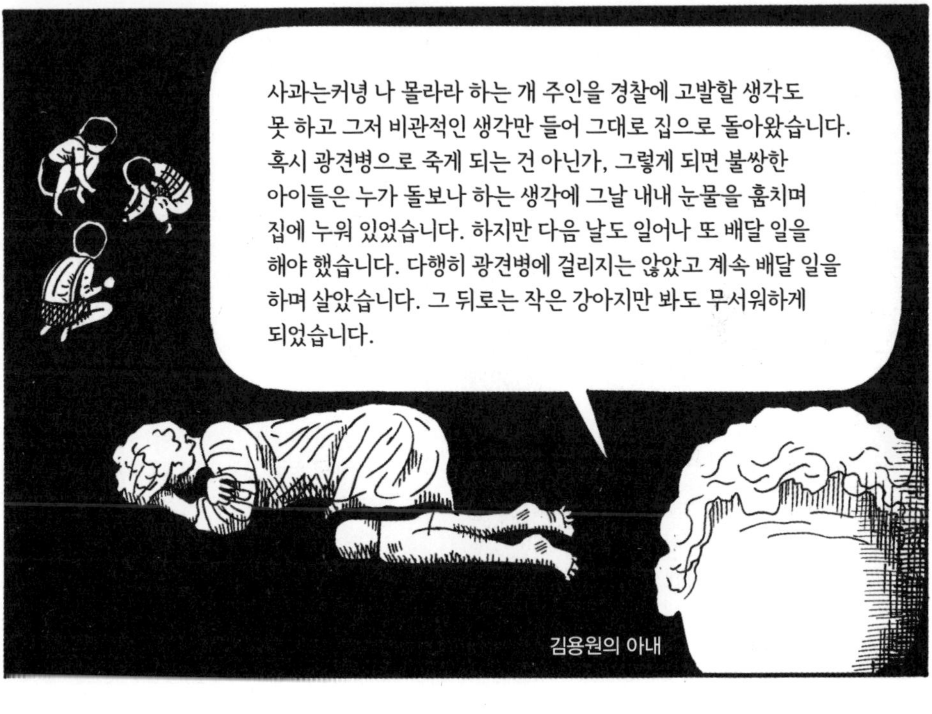

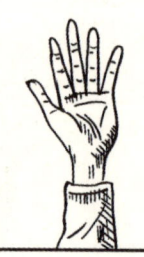

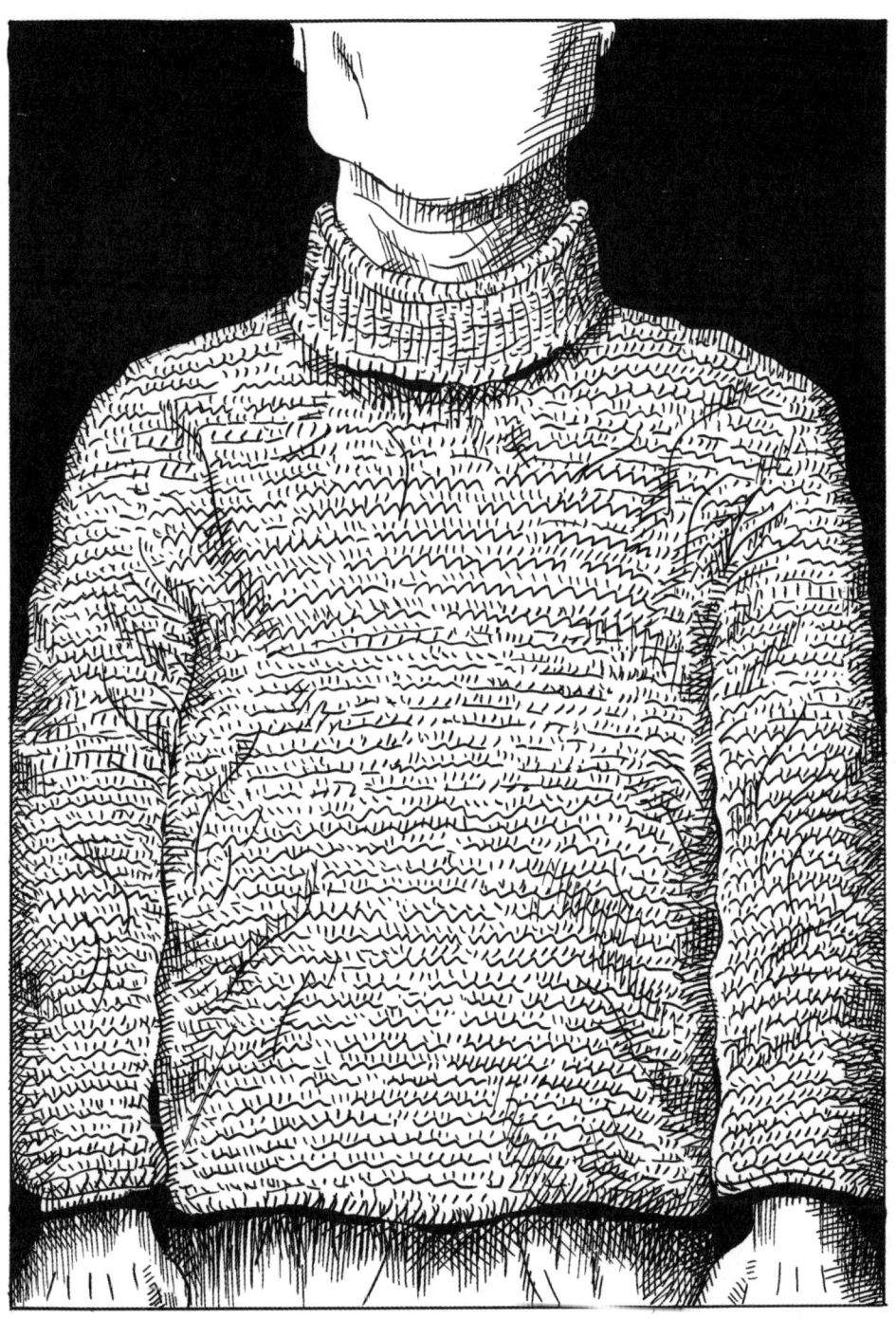

꽃밭에서 | 김용원

저도 당신을 사랑해요.

독방

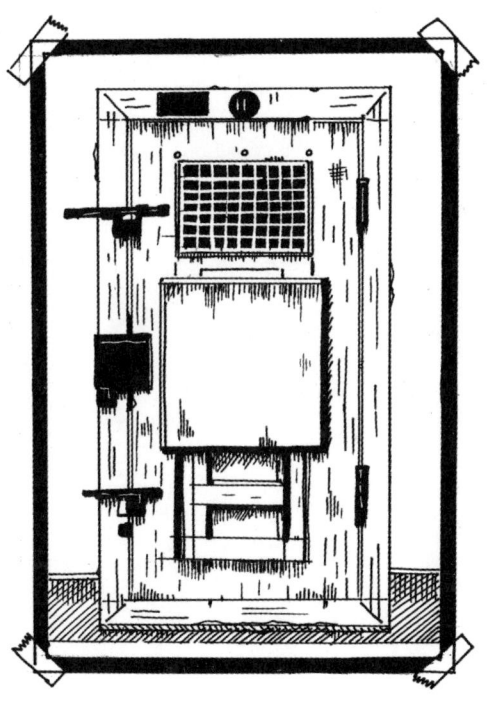

송상진. 1928년 10월 30일 출생(당시 나이 47세), 양봉업

아버지는 학교 선생님으로 계시다가 1964년 1차 인혁당 사건으로 감옥에 들어갔습니다.

송상진의 큰아들

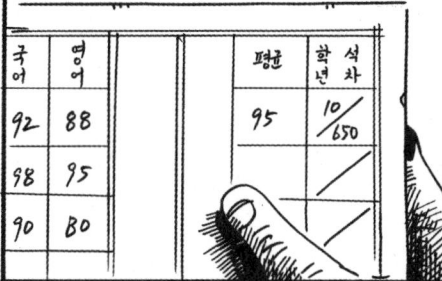

그 덕분인지 아버지께서 돌아가실 무렵 내가 고등학생이었을 때는 전교 650명 중 10등 안에 들 수 있었습니다.

다행히 무죄로 풀려났지만, 더 이상 교직 생활을 할 수 없었고, 일자리를 구하는 것도 쉽지 않은 상황에서 집안 형편은 어렵게 되었습니다.

아버지는 시골에 가서 조그맣게 양봉 일을 시작하였고, 어머니는 삯바느질을 하며 어렵지만 그럭저럭 생활을 꾸려나갔습니다.

아버지는 일반적인 사회생활을 할 수 없는 상황이었지만 학문을 연구하고 토론하기를 좋아하며

많은 것을 가르치려 노력하셨던 것으로 기억합니다.

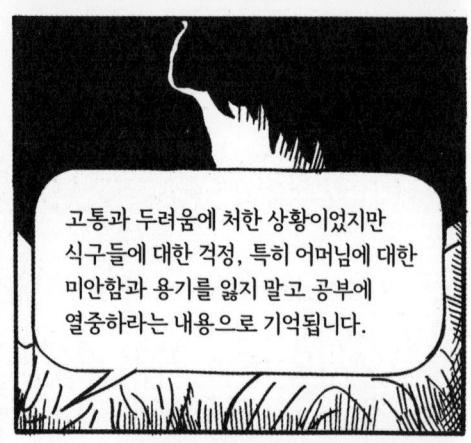

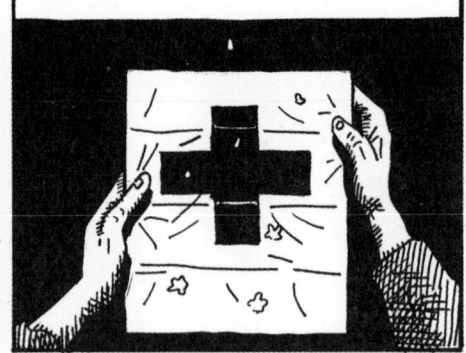
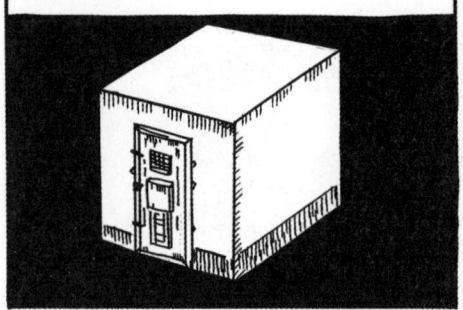

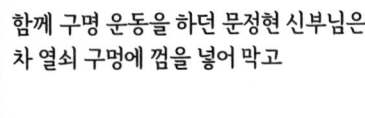
함께 구명 운동을 하던 문정현 신부님은 차 열쇠 구멍에 껌을 넣어 막고

시노트 신부님을 비롯한 많은 사람들이 온몸으로 저항했지만
"안 된다! 못 가!"

그들에게는 소용없었습니다.

"놓으시오!"

우리가 그렇게 저항해도 그들은 견인차까지 동원하여 영구차를 끌고 아버지의 시신을 경기도 벽제 화장터로 가져가 버렸습니다.

나는 아버지의 시신을 빼앗긴 채 성당에서 미사를 드렸습니다.

그들은 인륜이나 천륜은 관심도 없었고 아버지가 고문으로 망가질 대로 망가진 모습을 보일 수 없었기에

마지막 모습을 공개하지 못했던 것입니다.

어머니는 몇 번이나 실신을 하고

결국 나는 아버지의 마지막 모습조차 보지 못한 채

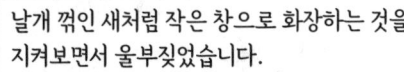

날개 꺾인 새처럼 작은 창으로 화장하는 것을 지켜보면서 울부짖었습니다.

그리고, 실신했습니다.

시신을 확인하는 것조차 두려웠나 봅니다, 그들은.

그렇게 아버지는 한줌의 재가 되어 우리에게 돌아왔습니다.

대구로 내려와 장례를 치르는데도 형사들은 계속 우리를 감시하면서 친척조차 찾아오지 못하게 막았습니다.

이상 없음!

우리 집을 사찰하던 경찰이 곧 풀려날 거라고 말해 왔기에 안심하고 집에서 기다리는데, 깊은 밤 밖에서 어머니 울음소리가 들렸습니다.

어으으으흑.

송상진의 막내아들

황급히 뛰어나가니 어머니는 작은 유골함을 들고 곧 쓰러질 것처럼 걸음을 제대로 걷지 못하고 있었습니다.

엄마!

내가 그 유골함을 받아 들고 집으로 들어오다가 아버지의 마지막 흔적 소리라도 들어 보려고 유골함을 기울였습니다.

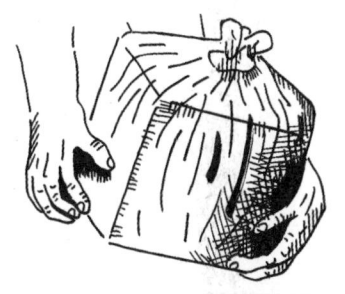

타지 않은 주먹만 한 뼈가 구르는 소리를 들었습니다. 오직 뼈덩이 한 개가 구르는 소리였습니다.

그 뼈 구르는 소리는 평생을 따라다니며 아직도 내 뇌리에 선명히 남아 있는 잊지 못할 소리가 되었습니다.

화장하고 남은 유골을 가루로 만들어 유골함을 채운다는 사실을 뒤늦게 알게 되었습니다.

그들은 불량하게도 화장을 제대로 끝내지 않아 유골을 다 가루로 만들지 않고 뼈덩이가 남아 있는 채로 유골함에 넣었던 것입니다. 생각하면 할수록 새로운 분노가 치밀어 올랐습니다.

사형 집행 후 서대문형무소에서 부쳐 온 아버지의
유품에는 아버지의 피 묻은 바지가 있었습니다.
그 바지 안에 놀랍게도 아버지의 항소이유서가 두 장
접혀 있었습니다. 아버지의 평소 철학과 북유럽
사회민주 복지국가에 대한 소신을 쓴 내용이었습니다.

옷가지를 불태우고 아버지의 유일한
흔적인 그 쪽지를 장롱 깊이 감추어 두고
간직하려고 했습니다.

그러던 어느 날 수사관들이 수색을 한다며
영장도 없이 집 안을 뒤져 그 유일한 쪽지마저
압수해 갔습니다.

응? 이게 뭐야!

뭔데?

이런 문서를 유출시킨 게
어느 놈이야! 이놈들
정신이 있는 놈이야!

이제 남은 것은 아무것도 없습니다.

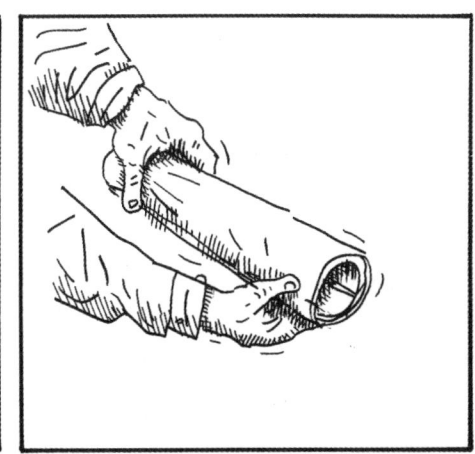

수업 시간에 문제를 풀고 있는 제 머리를 어떤 선생님이 공책을 말아 아무 말도 없이 내리치고 지나갔습니다.

그때 저는 영문도 모르고 당한 일이라 어리둥절했지만 곧 상황이 파악되자 분노보다 제 앞에 놓여 있는 높은 벽을 느끼게 되었습니다.

송상진의 큰아들

친척들의 연락이 잦았던 우리 집에 찾아오는 친척은 거의 없었습니다.

전체 차렷! 열중쉬엇! 차렷! 동작 봐라! 허리 똑바로 펴!

내가 국무총리를 찾아가 하소연이라도 할까 봐 그랬을까요.

총리님, 저의 억울함을 제발!

대통령이 하는 짓인데, 국무총리에게 하소연해서 해결될 일이라고 생각할지도 모른다는 것일까요.

또 1979년 7월 카터 미국 대통령이 한국에 왔을 때도 약 15일 동안 형사들이 두세 명씩 돌아가면서 대문 앞에 자리를 깔아 놓고 지키며 우리들이 집에서 나오지 못하도록 가택연금을 시켰습니다.

헤헤헤.

내가 영어를 알아서 카터를 만나러 간다고 생각했을까요?

제 나라 백성은 버러지 취급하면서 남의 나라 대통령이 인권 운운하니 그게 두려웠겠죠.

남편이 그렇게 떠나고 먹고살기 위해서는 계속해서 하던 한복 삯바느질을 할 수밖에 없었는데

그마저도 간첩집이라는 소문이 나서 일감도 다 끊어지고, 심지어는 모르고 맡겼다가도 세상인심이 고약한지, 누구에게 무슨 말을 들었는지

그다음 날 허겁지겁 찾아가 버리는 통에 생활고가 참으로 심하였습니다.

안 해요! 가져갈게요.

남편이 하던 양봉 100여 통에 있었던 벌도 다 죽게 되었고

가창에 있던 땅도 누가 남편 이름을 도용하여 남편이 계약한 것처럼 해서 없어져 버렸고

남편이 있었다면 팔 이유가 없던 수태골 집도 헐값으로 거저 주다시피 팔 수밖에 없는 지경에 이르렀습니다.

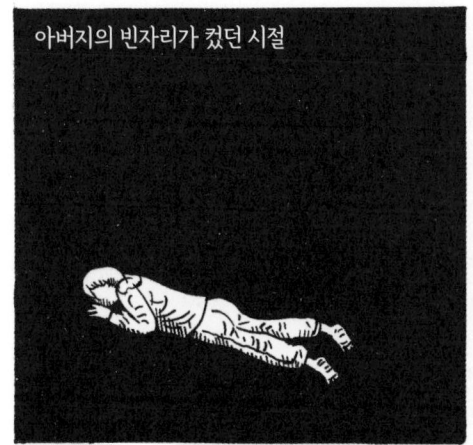
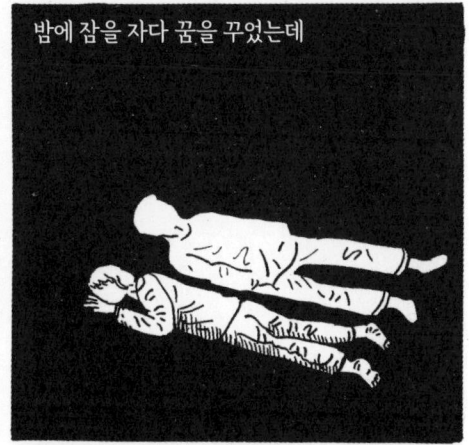

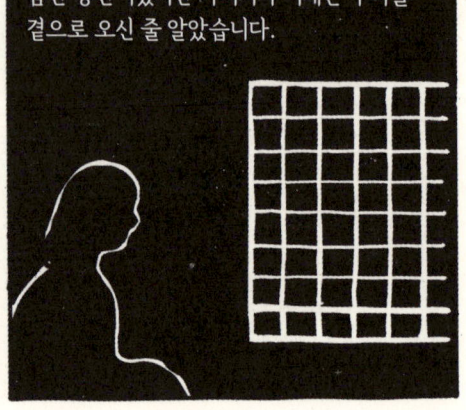

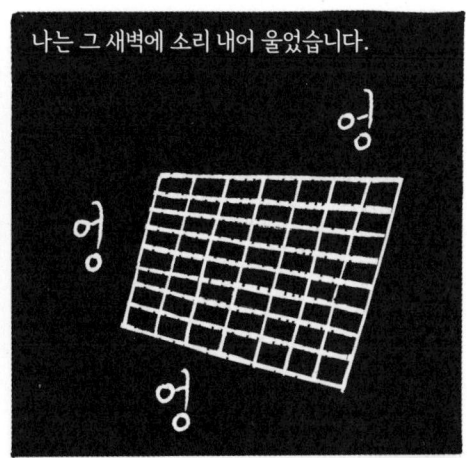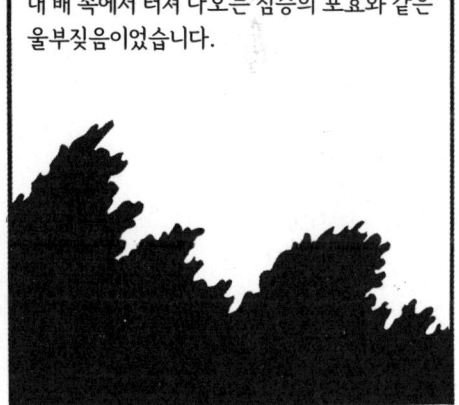

어머니는 아버지의 명예회복을 위해 30년 넘게 한 달에 한두 번씩 서울에 가십니다.

사랑하고 존경하는 내 어머니의 희생으로 그나마 지금의 우리가 있음을 압니다.

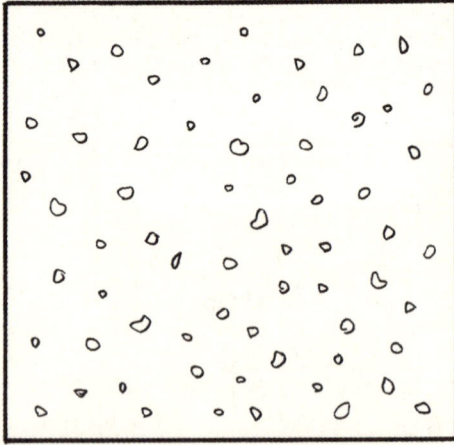

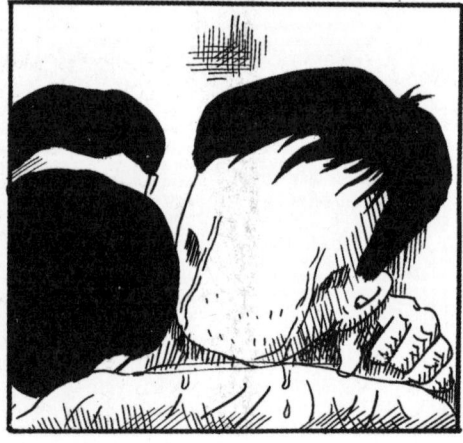

아버지,

여긴 더 이상

독방이 아니에요

노란 바나나

하재완. 1932년 1월 10일 출생(당시 나이 43세), 건축업

1958년, 내 나이 스물두 살, 하재완이 스물여섯이었던
늦은 가을에 결혼하였습니다. 그해는 하재완이 군 특무부대
(현 보안사)를 제대한 해였고 결혼하고 나서는 고향인
경남 창녕군 이방면에서 양조장을 하며 평범하게 살았습니다.

큰아들이 초등학교 4학년이 되던 1970년, 자녀 교육
문제로 고향을 떠나 대구 대봉동으로 이사 오게 되었고,
남편 하재완은 건축업을 하며 자식 오 남매와 함께
행복하게 살았습니다. 열심히 살았던 까닭에
집안일을 돕는 가정부와 아이들의 공부를 도와줄
가정교사도 들일 수 있을 정도로 넉넉하게
아이들을 키우며 살 수 있었습니다.

남편 하재완은 저에게도 아이들에게도
자상하며 성실했습니다. 잠을 잘 때는 저의
심한 잠버릇으로 혹여 어린아이들이 불편한
일을 겪을까 걱정되어 항상 자신이 아이들을
데리고 잤습니다.

세수를 한 뒤에는 자신이 씻은 물로 아이들의
조그마한 신발을 말끔히 씻어 댓돌 위에
엎어 놓는 속 깊은 사랑을 지닌 따뜻한
아빠였습니다.

시어머니가 다니러 오는 날이면 시어머니를
의식하여 신문을 보지 못하는 저를 위해 일부러
큰 소리로 신문을 읽었습니다. 집안일을 하며
오가던 제가 그날의 신문 내용을 알 수 있도록
배려한 남편의 다정한 마음이었습니다.

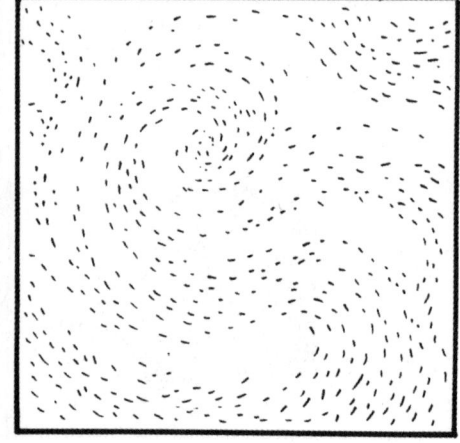

재판정에는 피고인 1인당 가족 한 사람만 참석할 수 있었고 기자도 한 명 없이 완전무장한 헌병들만 사방을 에워싸고 있었습니다.

피고인들은 팔을 뒤로 묶인 채 수갑이 채워져 있었으며 몸은 포승줄에 묶여 있었습니다.

몇 달 만에 볼 수 있는 식구를 찾느라 뒤돌아보는 것도 제지당했으며

"돌아보지 마!"

"가만히 있어!"

앞과 뒤 양 옆에 헌병이 에워싸 마치 중죄인이나 되는 인상을 주어 무척 불안했습니다.

재판정에서 남편은 고문의 후유증을 호소하였습니다.

"지, 지하실에서 갇힌 채 사흘씩이나 잠도 재우지 않았고 심하게 고문을 당하여 탈장되고 항문도 빠졌습니다."

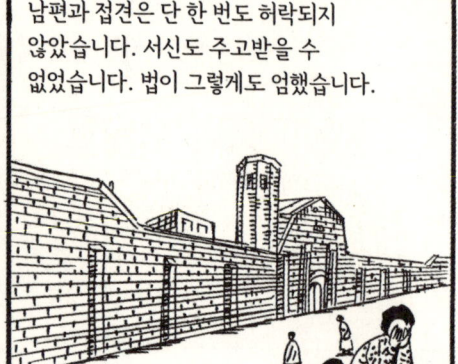

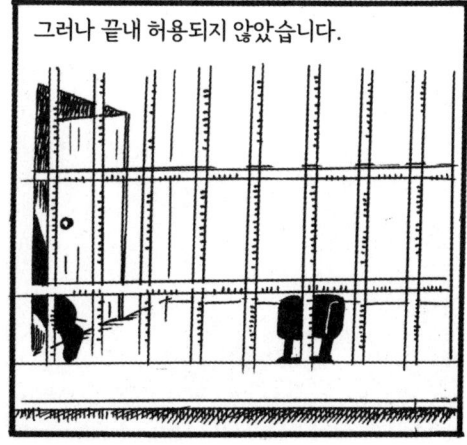

아침 7시쯤.

"나와요!"

정보부 요원이 고속버스에 태워 남산 정보부로 데리고 왔습니다.

전날 저녁도 못 먹고 아침도 못 먹었는데 그제서야 점심을 주었습니다.

어린 오 남매를 저희들끼리 두고 아무런 연락도 준비도 없이 며칠씩 집을 비우게 되니, 아이들 걱정으로 애간장이 타고 가슴이 터질 것 같았습니다.

당시 큰아이가 열여섯 살, 막내가 네 살이었습니다. 정보부에서 의자에 앉은 채 2박 3일을 꼬박 지새웠습니다.

"이봐!"

"구명 운동을 누구와 어디어디에서 어떻게 했는지 빠짐없이 다 적어!"

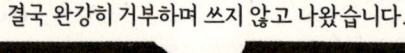

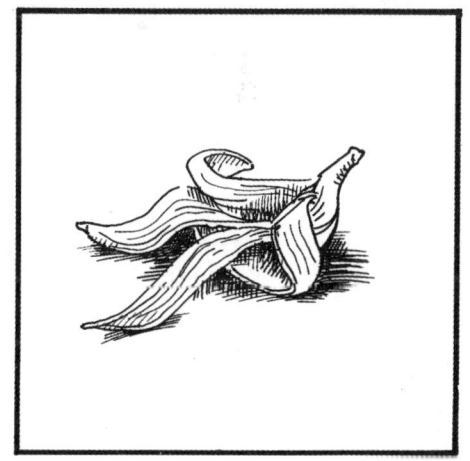

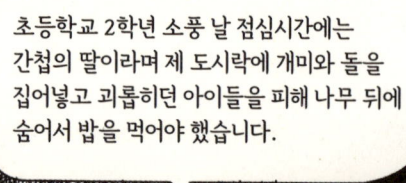
초등학교 2학년 소풍 날 점심시간에는 간첩의 딸이라며 제 도시락에 개미와 돌을 집어넣고 괴롭히던 아이들을 피해 나무 뒤에 숨어서 밥을 먹어야 했습니다.

그 얘기를 듣고는 혀를 깨물고 죽고 싶었지요.

하재완의 아내

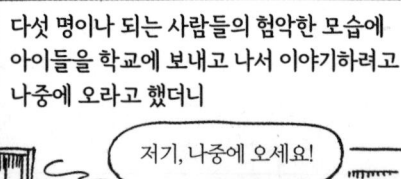

노란 바나나 | 하재완

머리와 어깨를 곤봉으로 맞아 그 후유증으로 뇌의 일부가 함몰되어 아직도 치료하고 있고, 대인기피증, 불면증, 신경쇠약 등으로 독한 신경안정제를 몇 년째 먹고 있습니다.

남편이 죽은 뒤 어린 오 남매를 키우기 위해 무척 어렵게 살았습니다. 행상을 비롯해 전자제품 판매, 옷 장사, 이불 장사를 하며 이를 악물고 살았습니다.

가끔씩 집에 다녀가는 손님들이 사 오는 음료나, 과자 같은 것들에 아이들은 전혀 손을 대지 않았습니다.

수퍼에서 국수, 라면, 비누와 같은 생필품으로 바꾸어 생활에 도움이 되게 해야 한다는 것을 이미 알고 있었기 때문입니다.

남편을 잃은 여자로 	고스란히 남겨진 오 남매의 엄마와 가장으로서 어머니의 삶은 
일흔을 넘긴 오늘까지도 힘에 부치고 무겁기만 합니다. 	그러한 어머니의 험난한 인생을 지켜봐야만 했던 저의 현재 삶 역시 온전할 수 없습니다. 
시간이 흘러 아무렇게나 정리된 듯 보이지만 저마다 나름대로 애써 외면하는 방법을 알고 있을 뿐이지 	실상은 아직까지도 유년 시절의 피가 뚝뚝 흐르는 그 상처 속에 그대로 살고 있습니다. 

아버지가 살아계시고 식구들이 모두 행복했던 그때를 조심스럽게 떠올려 봅니다.

넓은 마당에는 화초 가꾸는 일을 좋아하던 아버지가 단정히 가꾼 꽃밭이 있었고

마당 한편에는 우리들을 위해 만들어 준 앉는 그네가 있었고

그 옆을 지키고 있는 커다란 셰퍼드의 이름은 아리노였습니다.

헥헥헥.

어머니는 그때 상당한 멋쟁이여서
이웃 아줌마들과는 비교가 되었습니다.

음식에도, 우리들 옷차림에도 센스가 있어서
직접 만든 카스테라와 빵 같은 것을 간식으로
주시곤 했고

우리 옷은 어머니가 직접 만든 옷인데도 백화점
옷이라는 오해를 받기도 했습니다.

아버지는 토요일과 일요일에 명화 극장이나
주말의 명화에서 하는 좋은 영화들을 골라
어린 우리들에게 챙겨 보여 주셨고

전축으로 직접 클래식 음악도 들려주시곤
했습니다.

우리들에게는 〈소년중앙〉이라는 월간지를,
어머니께는 〈여원〉이라는 월간지를 잊지 않고
챙겨 주셨던 숨은 사랑이 큰 아버지였습니다.

너무도 가슴이 아파

부르지 못하는 이름

나의 소중한 아버지.

1분

이수병. 1937년 1월 15일 출생(당시 나이 38세), 삼락일어학원 강사

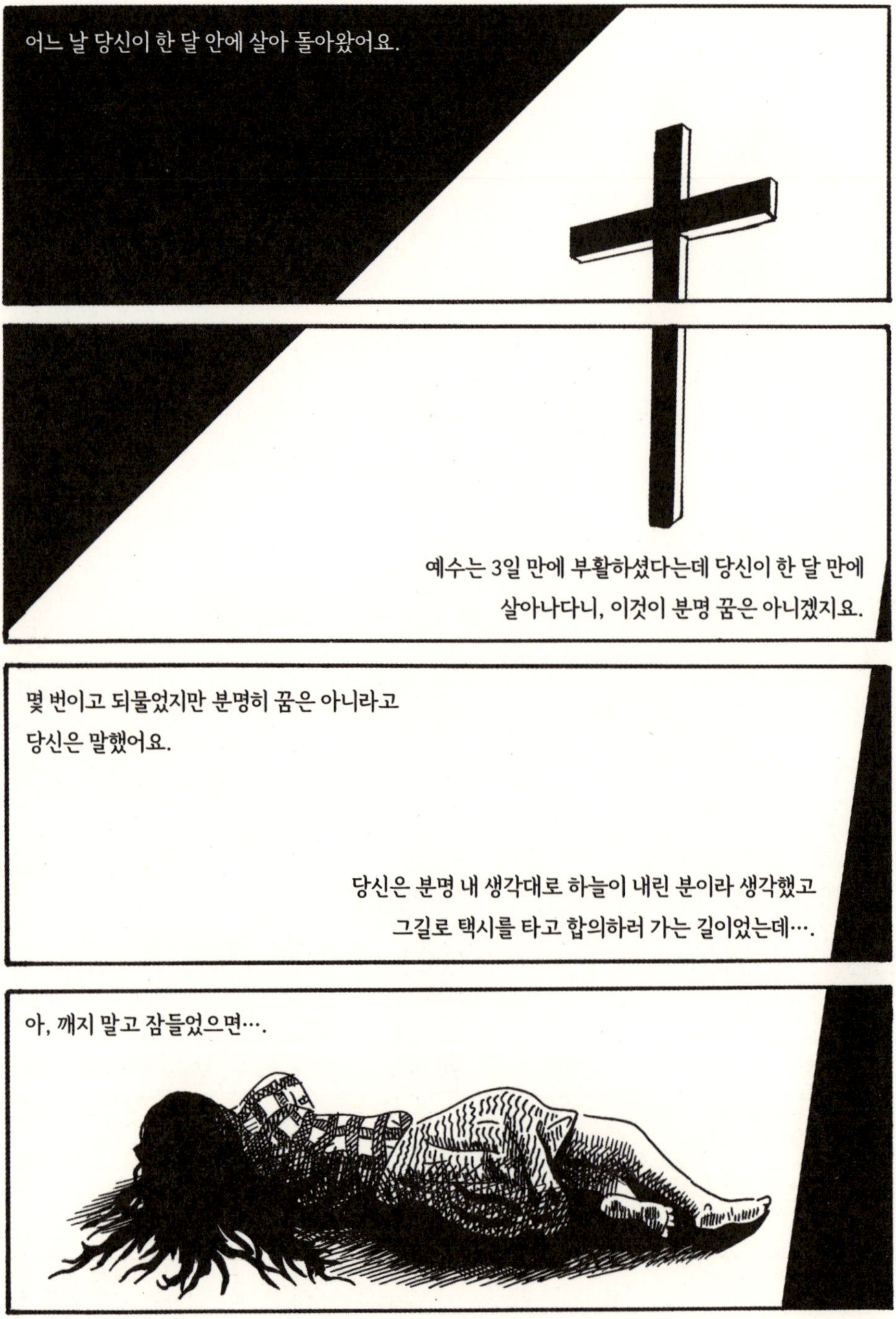

어느 날 당신이 한 달 안에 살아 돌아왔어요.

예수는 3일 만에 부활하셨다는데 당신이 한 달 만에 살아나다니, 이것이 분명 꿈은 아니겠지요.

몇 번이고 되물었지만 분명히 꿈은 아니라고 당신은 말했어요.

당신은 분명 내 생각대로 하늘이 내린 분이라 생각했고 그길로 택시를 타고 합의하러 가는 길이었는데….

아, 깨지 말고 잠들었으면….

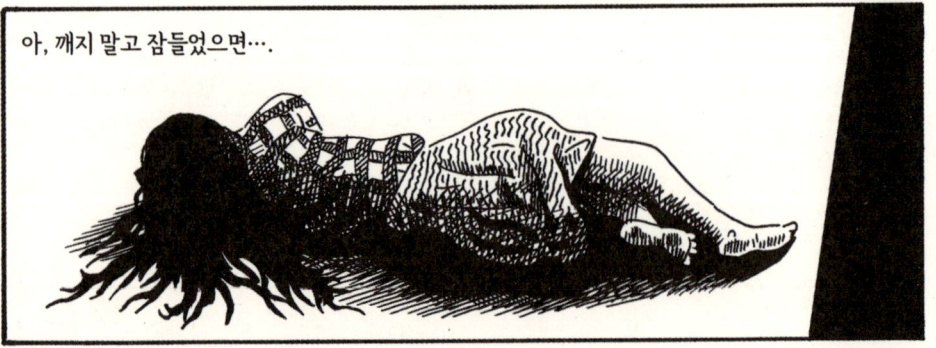

불법으로 연행된 뒤 재판정에서 남편의 모습을 처음 보았는데

여보!

살이 많이 빠져 반쪽이 될 정도로 매우 초췌해 있었고 얼굴색이 상당히 어두워 보였습니다.

그 모습으로 비추어 볼 때 수사 과정에 고문이 있었다고 확신했습니다.

으아~ 악

남편은 공소장 사실을 거의 부인하였습니다.

저는 그런 말을 한 적이 없습니다!

왜 제가 여기에 있는지 모르겠습니다.

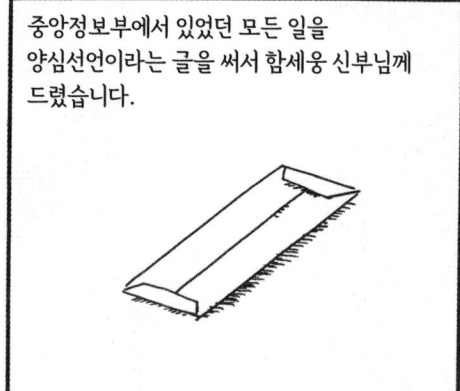

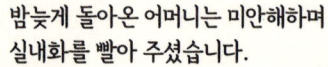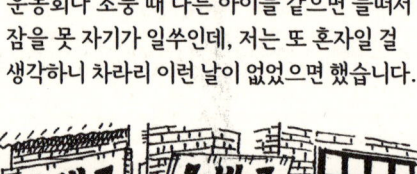

왁자지껄 돗자리를 펴놓고 식구들끼리 밥 먹는 모습이 그렇게 부러울 수가 없었습니다.

어릴 때 우리 집은 이사를 자주 했던 걸로 기억납니다. 갈 때마다 형사들이 집으로 찾아왔고 어머니와 동네 분들과 뭔가를 얘기하고 돌아가곤 했습니다.

이수병의 작은아들

형사가 나타나면 동네 친구와 이웃들이 우리 식구들을 이상한 눈으로 쳐다봤습니다.

우리 엄마가 너랑 놀지 말래!

당시 저는 어려서 아버지의 체포, 재판, 장례식 들에 대해서는 기억나는 것이 없습니다.

커 가면서 내게는 아버지가 왜 안 계시는지

나는 어린 딸은 둘러업고 아들은 걸려서 날마다
서대문형무소로 출근했지요.

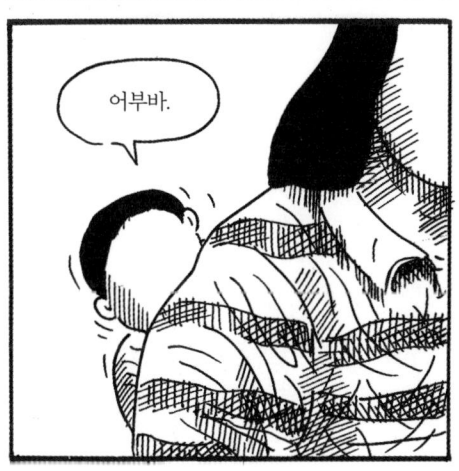

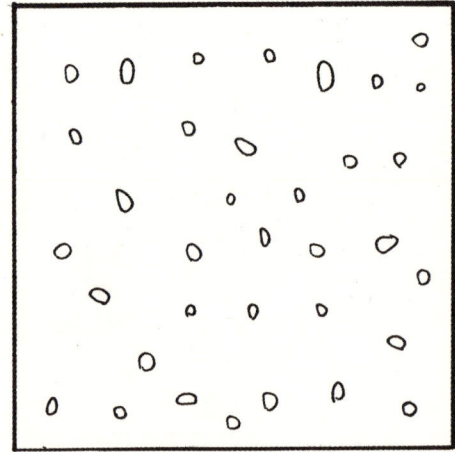

네, 많이 컸어요.

아버지.

여기 살아있다

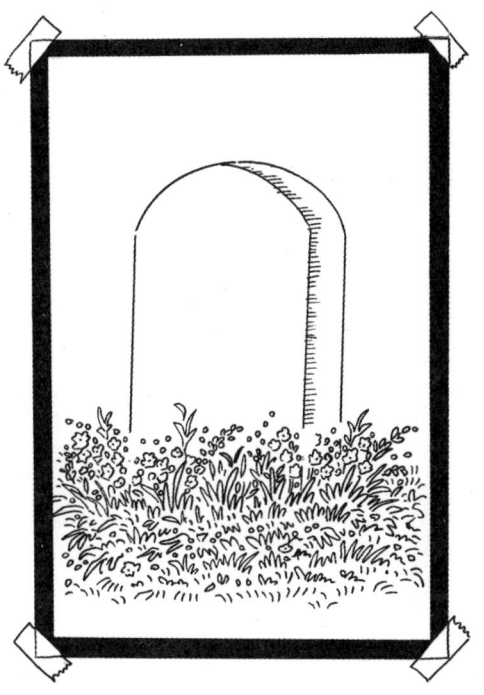

도예종. 1924년 12월 25일 출생(당시 나이 51세), 삼화건설 사장

저는 유복한 가정에서 태어나
1969년까지 국민학교 선생님으로 일했습니다.
1951년 6월에 대구로 전근을 했는데
그때 남편인 도예종도 영주에서
발령을 받아 같은 학교에 근무하면서
처음 알게 되었습니다.

그때는 6·25전쟁 중이라 피난민 가운데
서울 학부형들이 많았는데, 저와 도예종은
몇 년을 함께 열심히 일했습니다.
그러면서 서로 믿고 아끼게 되었고,
도예종이 제 아버지를 찾아가
결혼을 허락해 달라고 해서
1956년 5월에 결혼을 했습니다.

도예종은 대구대학교 경제학과를 졸업하고 대구대학교 경제학 강사를 지낸 지식인이었을 뿐만 아니라, 자상해서 제가 이해가 안 되는 시국 이야기가 있을 경우 아침밥을 들고 앉아 이야기를 하다 보면 점심때를 지나 저녁때까지 이어지기도 했습니다. 서로 이야기가 통하는 단란한 가정이었습니다. 남편은 밥상에 반찬 한 가지만 있어도 군말 없이 수저를 들 만큼 검소했습니다.

남편은 무엇보다 더불어 사는 것을 중요하게 생각했습니다. 제가 구미에서 교원 생활을 하고 있을 때 일입니다. 주인집에서 불이 났는데 셋방살이 하던 저는 놀라고 무서워 제 짐 몇 가지만 겨우 챙겨 몸을 피했습니다. 그 얘기를 들은 남편은 다 함께 사는 세상에서 자기만 살겠다고 도망쳐 나오면 되느냐며 야단을 칠 정도였습니다.

남편이 상주고등학교에서 일할 때에는
자기 전공과목인 경제학이 아니라 서양사 과목을
맡았는데, 학생들이 집에 와서 하는 말이
'선생님은 경제학을 공부하셨는데 서울대
사학과를 나온 선생님보다 더 잘 가르쳐 준다'고
자랑하면서 남편을 많이들 따르고 좋아했습니다.
또 어떤 학생은 웅변도 잘 가르쳐 주셔서
상을 받았다며 기뻐했습니다. 이처럼 남편은
사제지간에도 돈독한 정을 나누고 다른 이들의
모범이 되는 훌륭한 교사였습니다.

1960년 상주고등학교에서 일할 때
2월 28일 대구 학생 사건(2·28민주화운동)을
겪었습니다. 당시 자유당 정권은 민주당 부통령
후보인 장면의 대구 선거 유세가 예정되었던
1960년 2월 28일 유세를 방해하기 위해서
일요일인데도 공장 임시 가동, 학교 임시 수업과
시험 실시, 영화 감상 같은 명목으로 등교를
강요했을 뿐 아니라 3·15부정선거 때는
이승만을 당선시키기 위해 교사들을 지방에
출장시켜 부정 선거를 선전하게 했습니다.

남편은 자유당 정권의 불법적인 행태를
반대했고, 학교 측의 부당한
일요일 등교 지시에 대해 거부하는 학생들의
옳은 행동을 지지했고, 불법적인 선거운동에
교사를 동원하는 것을 못 하게 제지했습니다.

4·19혁명 후 남편은 경북 영주군 교육감
선거에 나가 당선이 되었습니다. 그러나
교원노조 활동으로 인해서, 민주당은
남편이 젊다는 트집을 잡아, 발령을 받지
못했습니다. 그 뒤 민족민주청년동맹이라는
혁신 청년단체에서 위원장 서도원 선생과 함께
남편은 간사장 일을 맡아 열심히 일했습니다.

4·19혁명 이후 첫 3·1절 행사인 1961년에는
대구 달성공원에서 많은 사람 앞에서 강연을 하는데
사람들이 감동하여 야단이 났고
저 역시 정말 감동했습니다.

도예종의 아내

남편은 그 시절에 자신만의 평안을 바라지 않고
유신독재에 반대하고 우리 사회의 민주화를 위해
열심히 일했을 뿐 결코 간첩이 아니었습니다.

박정희는 1961년 5·16 쿠데타로 정권을 잡았고, 약속과 달리 1963년 10월 대통령 선거에 출마하여 당선되어, 1964년 굴욕적인 한일회담을 강행했습니다. 당시 박정희 정권은 한일 외교 반대 데모라는 국민들의 저항에 부딪치자 이를 억누르기 위해 비상계엄을 선포하고 군대까지 동원해서 무차별 진압을 하더니, 결국 전형적인 정치 조작 사건인 인혁당 사건을 만들어 남편을 체포 구속했고, 남편은 서울로 연행되어 징역 3년을 살고 나왔습니다.

남편은 출소한 뒤 경북 영천에서 영남일보지국을 운영했는데 박정희 정권은 그것도 하지 못하게 계속 압력을 행사했고 감시를 해서 결국 그만둘 수밖에 없었습니다. 형님이 하는 삼화건설회사를 도와드리다가 형님이 연세가 많아 남편이 대구에서 회사 경영을 이어받았는데 계속된 감시 속에 처음 하는 사업이라 실패를 했습니다. 그리고 1974년 인혁당 재건위 사건으로 다시 구속될 때까지 삼화건설에서 월급 받는 사장으로 일했습니다.

도예종의 딸

그때 우리 집은 대구시 성당동 성당아파트였습니다. 그곳에서 많은 시간은 아니었지만 항상 다정다감한 얼굴로 같이 마주앉아 텔레비전도 보고 차도 마시며 이야기를 나누었습니다. 그때가 지금도 생생하게 기억나고 늘 그립습니다.

하하하.

그때 그랬잖아요, 호호.

어느 날 아버지는 저에게 좋은 맞선자리가 들어왔다며 선을 보지 않겠냐고 물으셨습니다. 남편 될 사람은 버스 회사에 다니고 있었고 한눈에 보아도 좋은 사람 같아서 결혼을 결심했습니다.

그리고 아버지의 손을 잡고 결혼식을 올렸습니다.

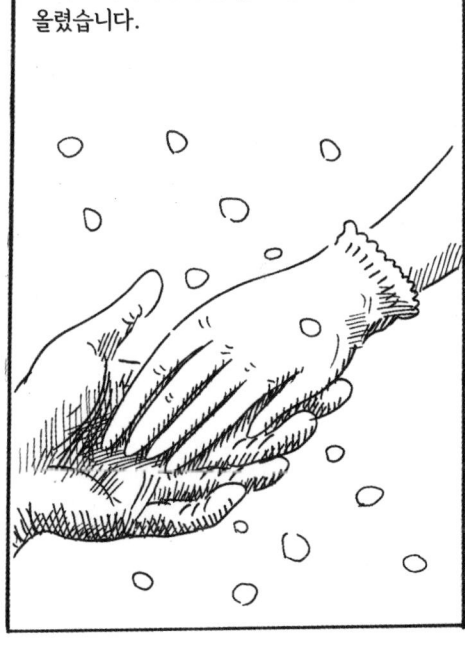

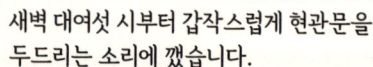

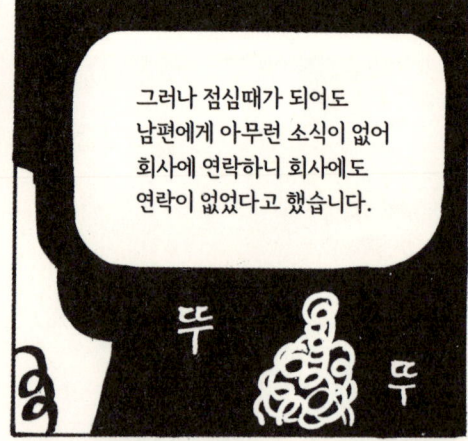

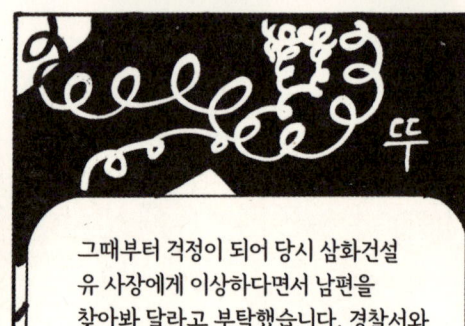

남편에 대한 첫 재판이 있을 때도 정식으로 통지서를 받은 것이 아니고 사람들로부터 전해 듣고 육군본부로 갔는데

몸수색을 당하고 소지품도 모두 압수당하고 재판정으로 들어가니, 총칼을 멘 헌병들이 양쪽에 줄지어 서 있었고 무척 살벌했습니다.

중요한 사건으로 계속 언론에 보도되고 있었는데도 신문기자는 한 사람도 없었습니다.

피고인들은 밧줄로 꽁꽁 묶인 채 양쪽에 교도관이 잡고 들어오는데 식구들 얼굴이라도 보려고 하면 소리를 지르고 꼼짝도 못하게 했습니다.

이 새끼, 뒤돌아보지 마!

돌아가는 그날까지 면회 한 번 못하고, 남편 얼굴을 제대로 보지 못하고 법정에서 뒷모습만 바라보는 것이 전부였습니다.

여보.

피고인들이 자신이 고문받았던 일들을 말하려고 하면 검사나 판사가 아무 말도 못하게 제지했습니다.

제가 그때…

그만 말해!

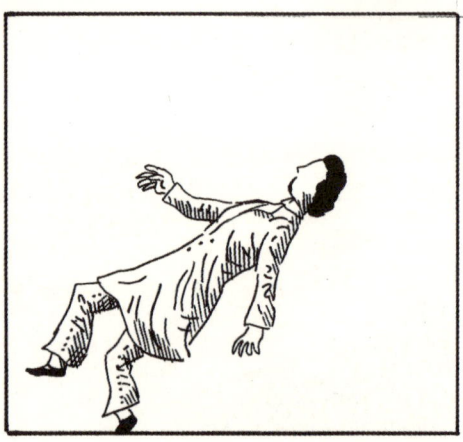

'도예종의 아들

그 자리에서 쓰러져 아무것도 하지 못한 채 정신을 가눌 힘조차 잃었습니다.

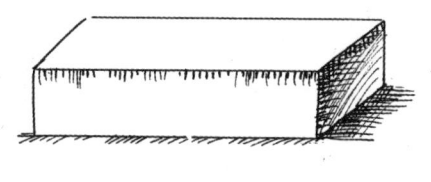
제가 쓰러져 건강이 안 좋으니 식구들은 제가 남편 시신을 보지 못하게 했고, 시숙과 큰집 조카가 남편의 시신을 인수했습니다.

대구로 오는 길에 영구차 말고 다른 차 한 대가 장지까지 계속 따라왔습니다.

서울에서 성당에서 합동으로 장례를 치르려 하던 것을 제지당해 대구에서 함께 하는 것이 좋겠어요.

장지는 현대공원으로 하되 날짜는 다르게 해서 각각 다른 날짜에 장례를 치르는 게 좋겠어요.

경부고속도로 입구에서 경찰들이 못 가게 하며 화장터로 차를 돌리라고 하기에, 내가 차에서 내려 영구차 앞에 눕고 죽어라 떼를 써서 간신히 현대공원에 도착했습니다.

그렇게 따로 장례를 치르는데도 경찰들은 문상객을 제대로 받지 못하게 감시하고, 산소까지 쫓아와 감시를 해 남편이 저세상으로 떠나는 것조차 자유롭지 못하게 했습니다.

어디서 왔시?

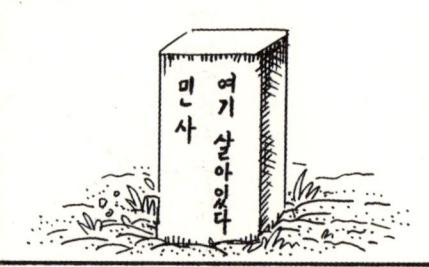

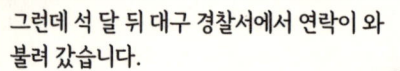

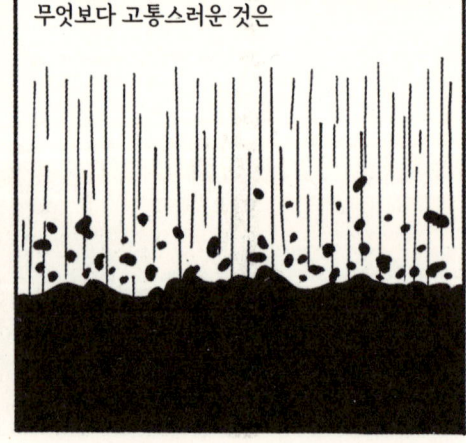

| 경찰들의 직접적인 고문이나 감시가 아니라 | 경찰들이 동네 주민들에게 '간첩 가족'이라고 소문을 내 아무도 저나 우리 식구들과는 이야기하려고 하지 않았던 일이었습니다. |

| 고문을 받을 때는 상대가 불법적인 행동을 하는 나쁜 사람이라고 생각하면서 상처를 바깥으로 돌릴 수 있었지만 | 그전까지 살갑게 지내던 이웃들, 절친했던 친구들, 한집에 사는 식구나 다름없이 지냈던 친척들마저 저를 외면해 그 사람들을 미워할 수조차 없었습니다. |

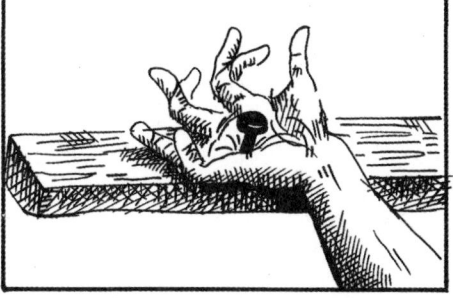

제가 정신불안과 대인기피증으로 치료를 받으며 힘들어 할 때 제부의 도움으로 노인회에서 일하게 되었습니다.

15년 동안 일하면서 보수적인 노인들한테 정신적인 고통을 많이 받았습니다.

뭐? 인혁당 가족이라고? 빨갱이 아니야! 북으로 가! 퉤!

여기 살아 있다 | 도예종

정치인들이 저지른 수많은 잘못은 잘도 잊어 주는데

제 남편의 일은 제대로 알지도 못하면서 왜 세상이 잊지도 않고 본인도 아닌 식구들한테까지 수십 년 동안 돌팔매질을 하는지 이해할 수 없었습니다.

박정희 정권은 내 남편과 나를 유린했는데 세상은 박정희 정권의 독재, 유신, 온갖 불법적인 만행은 잊고 온 국민이 보릿고개를 없애고 경제를 발전시켜 우리를 잘살게 해 준 대통령으로 기억합니다.

제 기억으로 아버지는 한일 외교 협정 반대 시위를 하고 유신헌법, 독재정권과 정면으로 부딪히며 항거했고, 끝없이 계속되는 민주화 운동을 주도해 박정희 정권에 눈엣가시 같은 존재였을 것입니다.

도예종의 아들

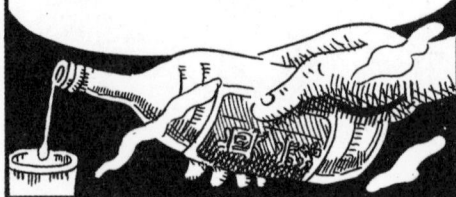

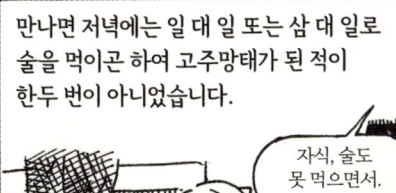

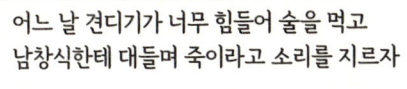

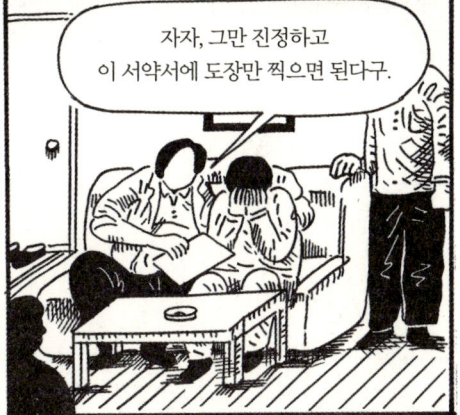

그래서 처자식과 길에서 며칠 밤을 보낸 기막힌 일도 있었습니다.

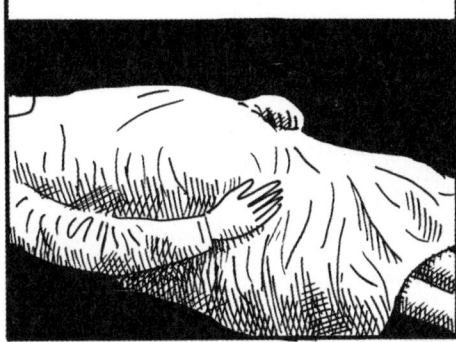

제 처는 그때 셋째를 임신하고 있었는데 그 충격으로 유산을 했습니다.

저기, 지사장님이 부르셔요.

?

그게 내 뜻이 아니고 윗선의 지시니 오늘부터 회사를 그만두십시오. 여기 아니면 못 살지는 않지요. 더욱 힘내서 굳건하게 살아야 합니다.

…….

여기 살아 있다 | 도예종

무조건 참고 산다는 것, 그것도 소리 죽여 산다는 것.

억울함, 분노, 그러한 감정들을 참기 위해 신경을 쓰다 보니 남은 것은 어느 것 하나 망가지지 않은 게 없습니다.

아버지 장례식을 끝내고 회사에 찾아가 월급과 퇴직금을 요구했지만 사장이라 월급을 줄 수 없다는 말만 들었습니다.

아버지 회사에서 발행하는 신문에는 간첩을 사장으로 두어서 죄송하다는 사과문을 실었습니다.

고등학교를 중퇴한 뒤 취직을 하려고 했지만 간첩 집안 빨갱이 새끼란 꼬리표 때문에 취직을 못했고, 제가 할 수 있었던 일이라고는 버스를 타고 다니며 물건을 팔거나 구두닦이를 하는 일밖에 없었습니다.

이 물건으로 말씀드릴 것 같으면…

뇌종양에 걸린 아들을 병원에 한 번 못 보내고 떠나보낸 아버지가 된 것입니다.

아버지가 돌아가신 뒤 종로경찰서 정보과에서 계속 우리들을 감시하기에 정말로 우리 아버지가 간첩이냐고 되물으면서, 왜 이렇게 사람을 괴롭히느냐고 차라리 우릴 죽이든지 하라고, 당신들만 보면 치가 떨린다고 소리치니까

도예종의 딸

왜? 왜?

시대적인 희생이지. 우리도 살기 위해서 위에서 시키는 대로 할 뿐이야.

여기

살아 있다.

동지

여정남. 1944년 5월 7일 출생(당시 나이 31세), 경북대학교 학생운동 주도

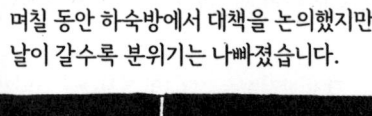

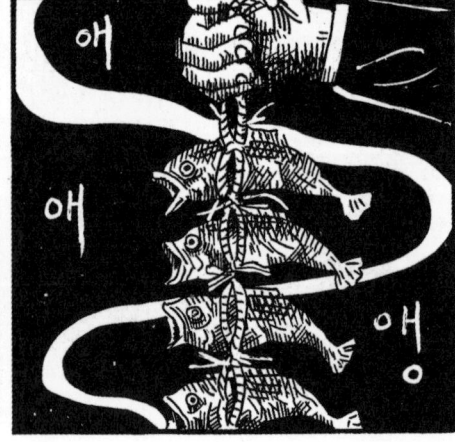

74도3323

상고 이유서

상고인 여정남
(서울구치소 재감중)
23세

대법원 제1부 재판장 귀하

상고 이유서
본적 경북 대구시 중구 전동 23번지
주소 경북 대구시 동구 파동 81번지
성명 여 정 남
생년월일 1944년 5월 7일생
죄명 대통령 긴급조치 위반등
상고 요지
上記2名 피고인은 1974년 9월 7일 비상고등군법회의에서 사형을 언도 받고 불복 상고 한바 그 이유를 다음과 같이 개진 합니다
상고 내용
1. 시종 일관 고문 공갈 협박으로 강제 조작 허위 날조된 제반 기록에 의한 엉터리 공소사실과 위법재판 절차를 그대로 인정 항소기각 결정을 내린 비상 고등 군법 회의에

의 2심 재판 역시 1심 재판과 마찬가지로 전면 무효가 되어야 마땅합니다 그러므로 본 상고이유서에서는 본 피고인의 항소 이유서에서 열거한 사항들도 전부 포함 하여 상고 이유로서 주장하는 바입니다 소송기록에 첨부 되어 있는 항소 이유서를 충분히 검토 하였을 줄로 思料 하고끔 본 상고 이유서에는 항소 이유서와 중복 되는 내용은 記述 하지 않고 포괄적으로 간단히 상고 이유를 밝히고자 합니다

2. 재판을 개정하기 前日 변호인 접견시에 약속 있었던 사실인바 비상 고등 군법회의에 본 피고인이 제출한 항소 이유서의 열람을 변호

인이 요청 했던바 이유없이 이를 거절당한 경악할 사실이 있었읍니다. 피고인의 인권을 옹호할 소송 대리인이 항소이유서도 보지 못하고 다시말하면 항소의 내용 조차도 모르고 꼭두각시 놀음격으로 재판에 임해야만 했던 넌센스는 대한민국에는 法이 存在치 않는 無政府狀態나 같다는 역설적인 표현과 하등 다를바 없다고 생각 됩니다 더군다나 어려운 상황하에서도 본피고인을 위해 열성껏 변호해 주시던 강신옥 변호사님이 1심 공판 도중 긴급조치 위반 죄로 어처구니 없이 구속기소 되어 10년 이란 重刑을 받고 上告

중에 있는 법치 국가에서는 도저히 있을수 없는 불행한 사태까지 생겼읍니다. 이러한 점을 비추어 볼때 이루 열거 할수 없을 만치 많은 변론 봉쇄내지 탄압책이 자행 되었으리라 思料됩니다. 이러한 처사만 보아도 비단 변호인 뿐만 아니라 1,2심 재판부가 양심에 입각해서 自主的으로 所信껏 재판을 할수 없었음은 明白한 사실일 것입니다. 거역할수 없는 무서운 절대권력의 억압과 명령하에 일방적으로 행해진 형식적인 재판 절차와 판결은 전면 무효로 함이 마땅합니다.

3、비상 보통 군법회의 에서의 1심 재판이 소위 재판의 형식이나마 갖출려고 노력한 흔적이 엿보인다면 "반대도 낯짝은 있다"는 옛속담과 같이 더이상 부끄러워 재판을 계속할수 없었던지 아니면 소위 인혁당사건, 민청학련 사건등의 조작사실의 진상이 만천하에 또다시 공개되는 것이 두려워서 인지 피고인, 변호인등에게 진술할 일체의 기회를 박탈해 버렸읍니다.

변호인이 신청한 증인신청을 각하 했음은 물론 보충 심문 조차도 허 치 않음은 군법회의법에 규정되어 있는 요식 행위 조차도 생략한 불법 행위라고 생각됩니다.

4、가령 조작된 공소사실을 전부 인정한다는 있을수 없는 불행한 판결을 내릴지라도 원심 판결은 刑의 量定이 심히 부당하므로 당연코 파기 되어야 할것 입니다.

존경하는 재판장님! 上記와 같이 본피고인의 上告 理由를 밝혔사오니 현명하신 판단아래 공정한 판결을 내려 주시기를 앙망합니다. 본피고인 뿐만 아니라 수많은 피고인들의 私的인 억울한 사정은 차치하고라도 법의 존엄성을 밝히고 아울러 사법권의 독립을 지키기 위해서라도 법치 국가에서는 도저히 묵과 될수 없는 本件을 철저히 규명 하시와 파기 환송의 판결을 내리시어 1심재판 부터 공정한 법절차에 따라 재판이 새로이 재개 될줄로 기대 하오며 그길만이 이나라 民主主義 憲政秩序를 소생 시키는 試金石이 될것입니다.

1974년 12월 12일
피고인 여 정 ㊞
위무인은 본인의 것임을 증명함
교도보 주한규 ㊞

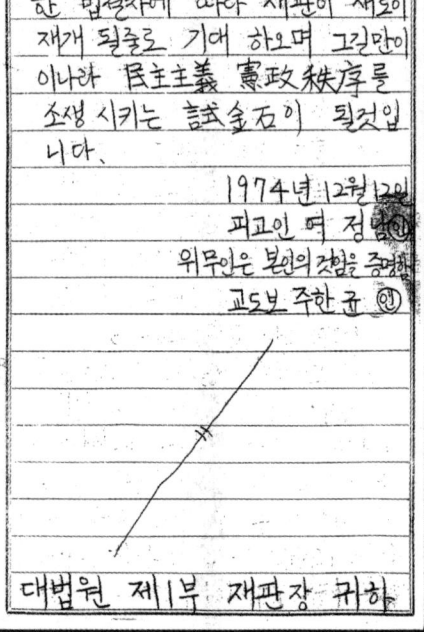

대법원 제1부 재판장 귀하

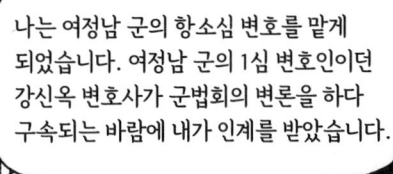
나는 여정남 군의 항소심 변호를 맡게 되었습니다. 여정남 군의 1심 변호인이던 강신옥 변호사가 군법회의 변론을 하다 구속되는 바람에 내가 인계를 받았습니다.

변호사 한승헌

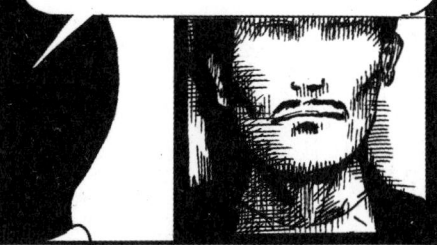
여정남 군은 경북대학교에 다닐 때 1964년 한일회담 반대 시위에 참여했고, 그 뒤 필화 사건과 포고령 위반 들로 연이어 구속당한 전력이 있었습니다.

그러나 민청학련 사건에서 그에게 씌여진 혐의는 온통 조작 투성이었습니다.

그가 서울에 와서 이철이나 유인태를 만나 화염병을 만들거나 각목 사용을 지시했다거나 민족지도부 구성을 논의했다는 내용도 날조된 것이었습니다.

여정남 군은 법정진술과 항소이유서에서 몸서리치는 고문, 협박의 참상을 폭로하면서 억울한 혐의를 벗어 보려고 했습니다.

강제로 진술하라는 고문을 당했습니다.

그러나 재판부는 마이동풍이었습니다.

그만 말하시오!

그다음 날 아침 기상 시간이 지났는데도 일어나지 못했습니다.

교도관들이 제지했기 때문입니다.

순간 넥타이 공장 가동(교수형 집행)이라는 이상한 예감이 들었습니다.

창문으로 황급히 뛰어가 보니, 여 선배의 뒷모습이 보였습니다.

그게 마지막이었습니다.

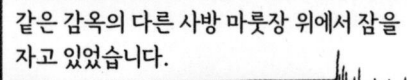

나중에 밝혀지기로는 대법원 판결이 나던 그날 선고 8시간 전인 새벽 3시.

대법원의 사형 선고 통지서가 이미 비상고등 군법회의 검찰부에 접수되었고

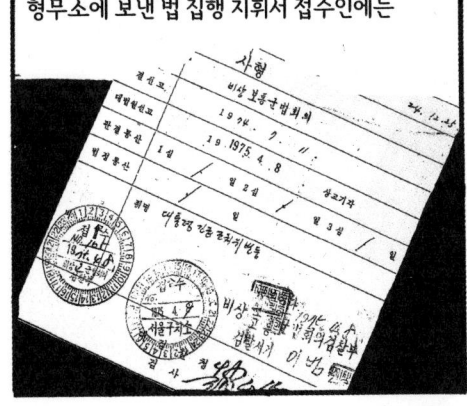
형무소에 보낸 법 집행 지휘서 접수인에는

4월 8일을 9일로 고친 흔적이 그대로 드러나 있었습니다.

기가 막힌 재판 놀음이었습니다.

사형! 탕 탕

탕

그때, 대구에는 녹향과 하이마트라는 클래식 음악 감상실이 있었는데 여정남은 주로 하이마트를 갔었지요. 쇼스타코비치와 하차투리안의 연주를 좋아했는데

여정남의 후배 유정선

하차투리안의 '가야느'라는 곡을 신청해서 듣는 걸 보고 음악에 대한 이해 수준을 높게 평가했어요. 3선개헌 전이니 1969년 봄 학기쯤이었고 1970년대에도 가끔 다녔지요.

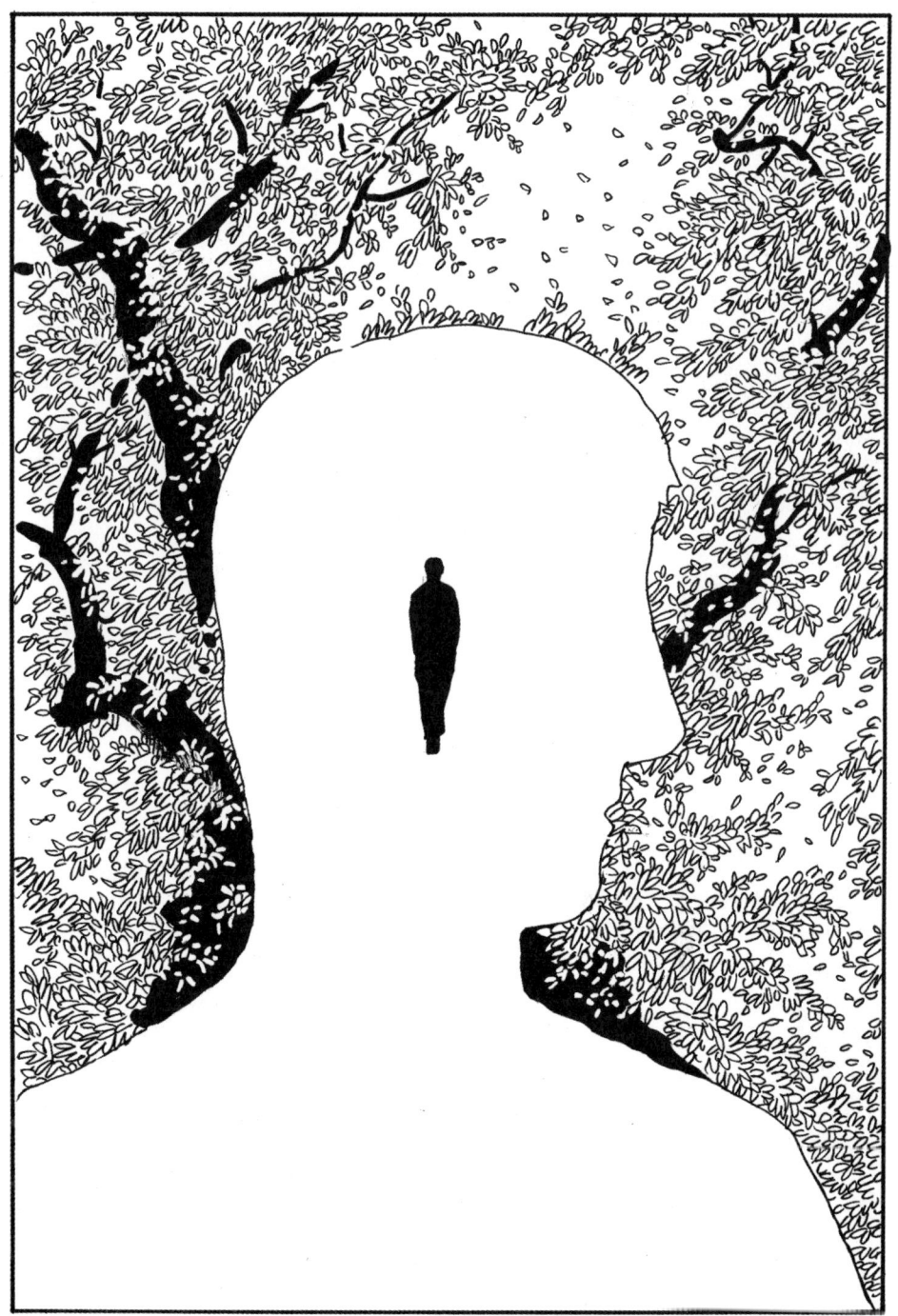

동해물과 백두산이 마르고 닳도록
하느님이 보우하사 우리 나라 만세.

무궁화 삼천리 화려강산

1991년 4월 9일 경북대학교 총학생회는 대학교 안에 여정남의 추모비를 세웠습니다.

그러나 몇 년 뒤 정보과 형사들이 추모비를 뽑아 가 버렸습니다.

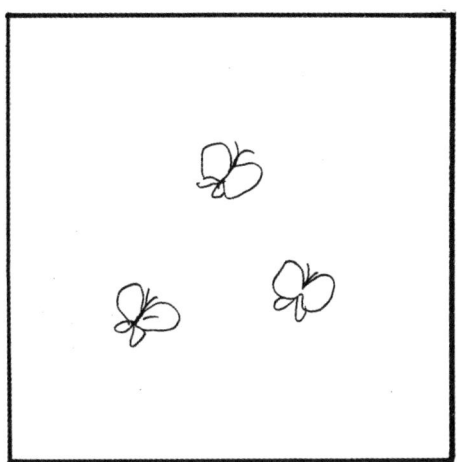
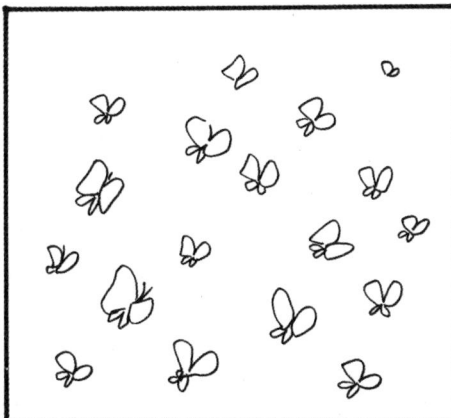

4월의 맑은 하늘 아래*

떼로 자라지 못한 네 어릴 적 까까머리 같은 현대공원 네 무덤 사십구제를 지내기 위해

형제를 두고 부모님 남겨두고 스물아홉 창창한 나이에 살해당한 네 저승길 보살피기 위해

* 4월의 맑은 하늘 아래, 대구청년문학회 4·9추모시창작단 지음. 여정남의 큰형님이 희생당한 동생에 대한 그리움과 슬픔을 토로한 것을 바탕으로 지은 시로, 1989년 4월 9일, 경북대학교에서 처음으로 열린 공식 추모 행사에서 낭독되었다.

낡은 봉고차에 '유신독재반대' 써 붙이고 너의 아름다운 영토 너의 교정을 지나 여기에 왔다.

초여름 따스한 햇살이 피를 돌게 하는 눈부시게 맑은 날

무덤 하나 덩그라니 남겨두고

너는 없다.

세상 어디에고

네가 남긴 숨결 새록새록 싹트겠지만

너는 훤칠한 키, 맑게 웃던 네 모습은

세상 어디에도 없다.

너 살아 있던 시절 수많은 시간의 풍경들을 어찌 잊으며 살까.

경북고 2학년 네가 가출했던 봄

낙동강 가에서 풋내 나는 손놀림으로 골재 채취를 하며

막일 하는 사람들 틈에서 풋내기 삶에 눈 뜰 때

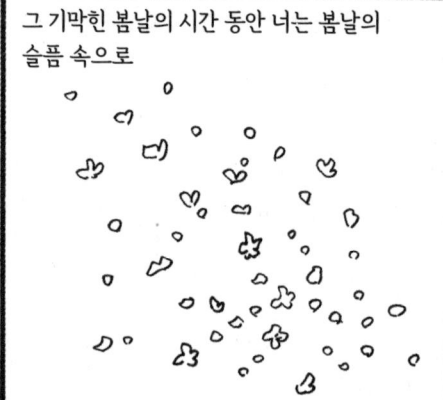

언젠가 효성여대 앞 허름한 소피국 골목에서

숨죽이며 우리 형제 만나 뜨거운 소피국으로 가슴 데우던 수배시절

교사 월급 박봉에 돈 만 원씩 건네주던 나에게

어쩌면 어쩌면 이번에 잡히면 죽을 수도 있다며

비장한 모습 보이던 네가 잡혀간 후

면회 한 번 제대로 못 하고 대법원 상고기각 스무 시간도 지나지 않은 봄날의 새벽

동지들과 함께 살해당하고 말았지. 	그 처참한 학살의 분노 어떻게 삭히며 살아야 하나 
해 지는 네 무덤 서산 노을 고운데 져서 아름다운 저 노을보다 	차라리 살아서 감옥에 갇혀 있는들 이리 가슴 저리지는 않으리 
눈물 흐르지는 않으리 	너 가고 없는 수많은 나날들을 

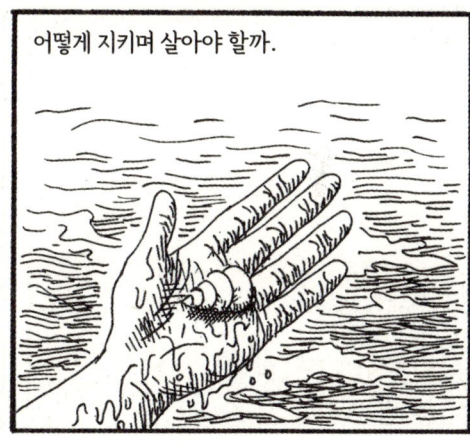

서른한 살 청년 여정남은 1975년 4월 9일 이른바
인혁당 재건위 사건으로 사형 집행 32년만인
2007년 1월 23일 재심판결에서 무죄 판결이 났다.
2008년 경북대학교에서 여정남 열사에게
명예 졸업장을 46년 만에 주었고 2010년 경북대
교내에 여정남 공원을 세웠다. 그리고 2013년
'여정남기념사업회'를 창립했다.

다들 행복하십시오

서도원. 1923년 3월 28일 출생(당시 나이 52세), 대구매일신문 기자

여러분들은 이제 4·19라는 거대한 물결 속에서 자주 통일 국가를 건설해야 하는 사명을 가지게 되었습니다.

내가 고등학교 시절 일제강점기의 살벌한 분위기 속에서도 선생님께서 우리에게 힘주어 말씀하신 것을 오늘은 나도 여러분에게 이야기하고 싶어요.

여러분의 생각이 올바르지 않으면 우리 나라는 종속과 분단 상황에서 벗어날 수 없다는 것을….

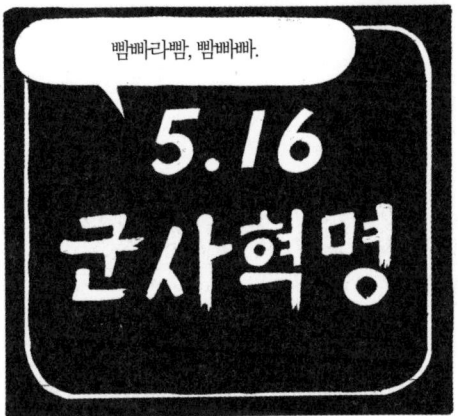

* 여촌야도 : 여당은 농촌, 야당은 도시에서 지지 세력이 많다는 것을 뜻한다.

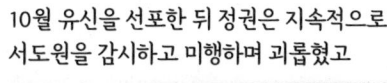

10월 유신을 선포한 뒤 정권은 지속적으로 서도원을 감시하고 미행하며 괴롭혔고

형사들은 그를 항상 따라 다녔습니다.

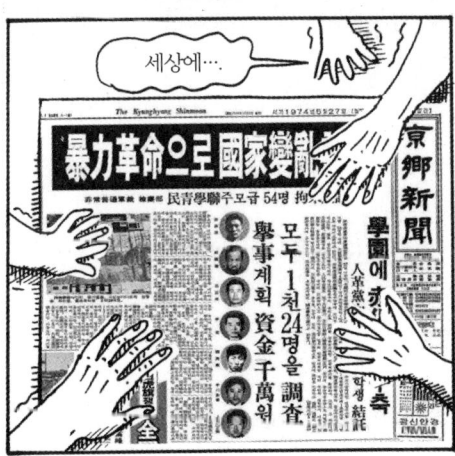

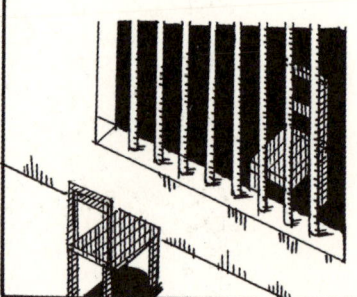

서도원은 떠나면서
마지막 말을 남겼습니다.

다들

통일된 세상에서

행복하십시오.

2012

안녕하십니까, 손석희의 시선집중입니다. 오늘은 박근혜 새누리당 대통령 후보님을 모시고 인터뷰를 진행하도록 하겠습니다.

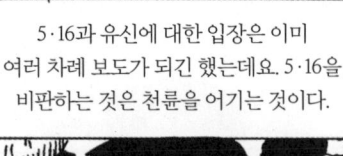

5·16과 유신에 대한 입장은 이미 여러 차례 보도가 되긴 했는데요. 5·16을 비판하는 것은 천륜을 어기는 것이다.

유신은 수출 100억불 달성을 위해서 필요했다. 이런 주장이 나와서 크게 논란이 되기도 했는데, 이 입장에 동의하십니까?

지금 우리가 할 일은 성과는 계승해서 발전시키고, 또 어두운 부분에 대해서는 상처를 치유하고 화해하면서 미래로 나아가야 한다고 생각합니다.

또 유신에 대해서도 이제 많은 평가가 있는 걸로 알고 있는데 당시 아버지가 '내 무덤에 침을 뱉어라'

드르렁 쿨.

그렇게까지 하시면서 나라를 위해서 노심초사하셨습니다. 그 말 속에 모든 것이 함축돼 있다고 저는 생각하고요.

보수 진영에 속한 어느 학자도, 그러니까 박 후보께서 5·16 당위성에 대해서 옹호하는 입장은 어쩔 수 없더라도 유신까지는 아니지 않느냐. 이런 견해도 내놓던데, 역시 거기에 동의하기 어렵다는 말씀이신가요?

이렇게 다양한 평가가 있기 때문에 이제 역사의 판단에 맡겨야 한다는 생각이고요.

다만 이제 그 당시에 피해를 입으신 분들, 또 고초를 겪으신 분들에 대해서 말로써 제가 이렇게 사과를 드리고, 또 더 이렇게 우리 민주주의를 발전시키기 위해서, 참, 노력을 제가 해나가야 된다, 그런 생각을 하고 있습니다.

특히 유신 피해자한테 그동안 정치 과정에서
나름 깊이 생각하고 사과하신다는 말도 일부 하신 걸로 알고 있는데,
예를 들면 유신의 가장 어두운 부분이라고들 얘기하는
인혁당 사건 피해자들에 대해서 혹시 사과할 생각이 있으신가요?

그 부분에 대해서는 대법원 판결이 두 가지로 나오지
않았습니까? 그래서 그 부분에 대해서도
또 어떤, 앞으로의 판단에 맡겨야 되지 않겠는가.
그런 답을 제가 한 번 한 적이 있습니다.

광화문

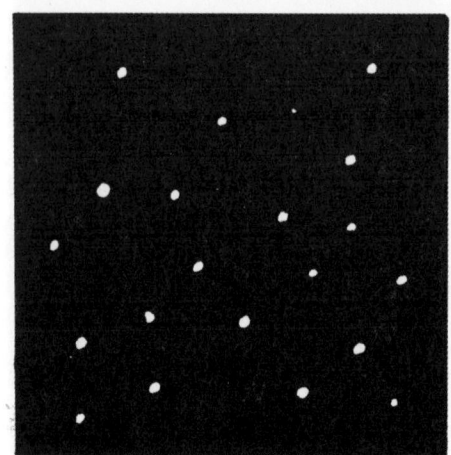

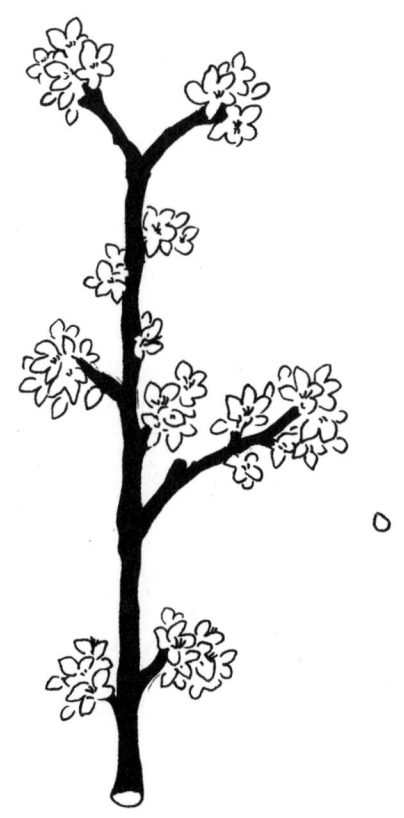

인혁당 사건이란?
1975년 4월 9일 – 사법사상 암흑의 날

　1975년 4월 9일 새벽, 서대문에 위치한 서울구치소(예전의 서대문 형무소) 사형장에서는 전날 대법원에서 사형이 확정된 '인민혁명당 재건위원회' 관련 사건 '사형수 8명'의 사형이 집행되고 있었다.

　사건조작은 '1차 인혁당 사건'부터 진행되었다. 인혁당 사건은 1964년과 1974년 두 차례에 걸쳐 일어났다. 이 두 사건 모두가 박정희 정권이 정치적 위기를 겪고 있을 때 발생했다.

사건명	정치적 상황	사회적 상황
1차 인혁당 사건	한일회담 재개	한일회담 반대운동이 전국으로 확산
2차 인혁당 사건	유신헌법 제정	유신 반대운동이 전국으로 확산

　1차 인혁당 사건은 광복절을 하루 앞둔 1964년 8월 14일, 당시 김형욱 중앙정보부장(현재 국가정보원장)은 기자회견을 통해 '북한의 지령을 받고 국가변란을 기도한 남한 내 지하조직 인민혁명당을 적발

했다'고 밝혔다. 그러나 김형욱의 발표와 달리 기소권을 가지고 있던 검찰은 증거가 없다며 기소를 거부하였고, 당직 검사에 의해 기소된 뒤 재판 과정에서는 고문을 가한 사실까지 밝혀져, 1차 인혁당 사건은 흐지부지 끝나고 말았다.

그러나, 용두사미격으로 끝난 재판 결과와 무관하게 사건조작의 원인이 되었던 한일협정은 1965년 6월 체결되었으며, 그 뒤 박정희 정권은 장기집권을 위해 1969년에는 3선개헌을 통과시켰고, 1972년 에는 영구집권을 위해 유신헌법을 제정하기에 이르렀다.

하지만 박정희 정권의 영구집권 시나리오는 흔들리고 있었다. 유신헌법 제정에 대한 국민적 저항운동이 거세게 일기 시작한 것이다. 함석헌, 장준하, 백기완 등 각계 민주인사들을 중심으로 '헌법개정청원운동본부'를 발족(1973년 12월 24일)한 지 십여 일만에 30만 명이 넘는 서명이 이뤄졌으며, 이를 기화로 숨죽이고 있던 대학생들은 '민청학련 사건'으로 알려진 유신 반대투쟁을 준비하고 있었다.

유신 반대투쟁이 전국으로 확산되자, 박정희 정권은 또다시 폭력적인 정치적 결단을 내린다. 민청학련 관계자와 인혁당 재건위 사건 관련자 1,024명을 연행하여 조사하고, 253명을 긴급조치 4호 위반, 국가보안법 위반, 내란예비음모, 내란선동 따위 죄명으로 비상보통 군법회의에 기소했다. 하지만 국내외의 강력한 반발 여론에 부딪힌 박정희 정권은 1975년 2월 15일 민청학련 관계자 대부분을 감형 또는 형 집행정지로 석방시켰다.

2차 인혁당 사건도 1964년 1차 인혁당 사건과 마찬가지로 용두사

미로 끝날 가능성이 높아졌다. 남아 있는 구속자의 가족들은 1차 인혁당 사건 때와 마찬가지로 곧 석방될 것을 기대하고 있었다. 하지만 재판 과정은 1차 인혁당 사건과는 사뭇 다른 분위기에서 진행되었다.

우선 군법회의는 인혁당 재건위 사건 관련자들과 학생들을 구분하여 재판을 진행했고, 공판조서가 조작되는 일도 발생했다. 1차 사건 때처럼 고문수사가 들통나지 않도록 변호사들의 접견은 철저히 통제된 상태에서 진행했고, 가족들의 면회는 사형 직전까지도 이뤄지지 않았다.

게다가 박정희는 1975년 2월 21일 문화공보부를 연두순시한 자리에서 "최근 석방된 자들은 국가보안법으로 극형에 처할 수 있는 자들인데 형무소를 나올 때 마치 개선장군처럼 만세를 부르고 나왔다. 민청학련 사건은 인혁당이 뒤에서 조종한 것이 명백한데 일부 정치인들은 이를 부인하고 오히려 이들을 동지니 애국인사라고 하는데 이렇게 해도 법에 안 걸리는가"라며 관계자를 질책했다. 이는 명백히 삼권분립에 어긋난 발언이었다. 아직 재판도 끝나지 않은 사건에 대해 행정부의 수반이 사법부를 통제하려는 발상이었다. 또한 이들을 옹호하는 행위에 대해서 '헌법적인 권한 발동' 운운하며 공개적인 엄포까지 놓았다.

박정희의 이러한 질책은 즉각 효과를 나타냈다. 1975년 4월 8일 대법원은 인혁당 사건 관련자들의 상고를 기각하고 8명의 사형을 확정하였다. 동시에 이날 '고려대 학내 시위'를 겨냥한 '긴급조치 7호'를 발동하여 대학에 군인을 주둔시키는 등 사회분위기를 압박해 들어갔다. 그야말로 초헌법적인 상황이었다. 법원의 사형 선고가 확정된 다음 날인 4월 9일, 도예종을 비롯한 8명의 열사들이 형장의 이슬로 사라졌다. 재심의 기회도 주어지지 않은 채 반인권적인 사형이 집행되었다.

김용원   도예종   서도원   송상진

여정남   우홍선   이수병   하재완

국제사회에서는 사법사상 있을 수 없는 일이 일어났다며 강력한 규탄 발언이 쏟아졌다. 제네바에 본부를 둔 '국제사법자협회'에서는 4월 9일을 '사법사상 암흑의 날'로 규정했고, 엠네스티에서 사형 집행에 대한 항의 서한을 한국 정부에 보냈다고 발표했다. 미국마저도 국무성 대변인 명의로 '사형에 대해 크게 유감스럽다'고 발표했다. 이 와중에 일본의 고위급 관리가 '한국은 야만국'이라고 표현을 했다가 양국 사이에 외교문제로 비화되는 일이 발생하기도 했다.

이렇게 폭압적인 방법으로 국민을 통제하던 박정희 정권은 사법살인을 저지르고도 몇 년 간은 지속되는 듯했다. 그러나 박정희는 1979년 10월 26일, 총애하던 부하의 총에 맞아 사망하였다.

억울한 희생과 죽음을 겪은 이들은 누구인가?

선고	인원수	이름
사형	8명	서도원, 도예종, 우홍선, 이수병, 송상진, 하재완, 김용원, 여정남
무기	7명	이태환, 유진곤, 전창일, 이성재, 김한덕, 나경일, 강창덕
징역 20년	4명	정만진, 이재형, 조만호, 김종대
징역 15년	4명	전재권, 황현승, 이창복, 림구호
징역 5년	2명	장석구, 이현세
수배	1명	이재문

이들은 1960년 4·19혁명을 거치면서 사회변혁운동에 나선 이들이었다. 미완의 4월혁명을 바라보며 그 완성을 위해 싸우기로 결심한 이들이었다. 5·16쿠데타 이후 서도원, 이수병 등은 혁명재판부에 회부되어 장기간 옥살이를 하였으며, 1964년 1차 인혁당 사건이 발생했을 때는 도예종을 비롯하여 김용원, 우홍선, 송상진, 정만진, 김한덕, 조만호, 하재완, 이재문 등이 고문수사를 받아 형을 살거나 형집행정지로 풀려나기도 했다. 중앙정보부에서 민청학련과 인혁당의 연결고리 역

할을 했다고 사형당한 여정남(당시 31세)의 경우는 한일회담 반대시위를 주도하다 제적되었고 경북대학교 학생운동을 지도하였다.

　1975년 4월 9일, 이리도 일찍 죽음이 찾아오리라 생각지 못했던 그들은 사형대에 서서 '내가 죽는 이유는 오로지 민족민주운동을 했기 때문이었다'(이수병) '조국통일을 보지 못하고 죽는 것이 한스럽다'(도예종) 그 밖에도 하나같이 '독재타도, 조국통일 만세'라는 유언을 남겼다.

　그로부터 32년이 흐른 뒤, 2007년 1월 23일 서울지방법원 형사합의 23부는 판결문에서 "이 사건의 공소사실 중 피고인 우홍선, 송상진, 서도원, 하재완, 이수병, 김용원, 도예종에 대한 국가보안법 위반의 점, 내란예비음모의 점, 반공법 위반의 점, 피고인 여정남에 대한 국가보안법 위반의 점, 내란예비음모의 점 및 반공법 위반의 점 중 반독재구국선언문 제작 배포로 인한 부분을 제외한 나머지 반공법 위반의 점은 각 무죄"라고 판결하였다. 이것은 '사법살인 32년' 만에 법원은 2차 인혁당 사건 재판과정이 위법하고 부당하였음을 인정하는 것이었다.

　인혁당 사건 관련자들이 무죄를 받을 수 있었던 것은 끊임없는 진실규명의 과정이 있었기 때문이었다. 그 과정의 선두에는 항상 유족들과 살아남은 동지들이 있었다. 1989년 대구와 1990년 서울에서 처음으로 공개적인 추모행사가 열렸다. 계속 경찰들의 탄압이 이어졌지만 해마다 빠지지 않고 서울과 대구에서 추모행사가 열렸고, 이러한 노력들이 모여 1998년에는 '소위 인혁당 사건 진상규명 및 명예회복을 위한 대책위원회'가 만들어지기에 이르렀다. 이 위원회의 공동대표는 당시 변호인단으로 활동했던 이돈명 변호사와 구속자 가족들과 구명운동을 벌였던 문정현 신부가 맡았다.

2000년대에 들어서 국가가 본격적인 진상규명에 나서기 시작했다. 2002년 의문사진상규명위원회에서 "인민혁명당 재건위원회 사건은 수사 착수부터 재판까지 철저하게 조작됐다"고 조사 결과를 밝혔고, 2005년 국가정보원 과거사진실규명위원회에서는 "(두 사건은) 전 과정에 당시 최고 권력자인 박정희 전 대통령의 의지가 반영되었고, 정권 유지의 필요에 따라 수사 방향을 미리 결정하여 조작한 사건"이라고 조사 결과를 발표하였다. 국가정보원 스스로 전신인 중앙정보부의 주도 하에 이루어진 고문·조작사건의 진실을 밝히고 자신들의 잘못을 고백한 것이다.

당시 인혁당 대책위는 다음과 같은 성명서를 발표하였다.

"이번 판결은 32년 간을 피눈물로 살아온 유족들의 끈질긴 싸움의 승리이자 인권의 승리이다. (줄임) 하지만 형장에서 8명이 삼켰을 마지막 신음소리가 아직도 천둥같이 귓가에 울린다. (줄임) 국가는 유가족과 피해자들에게 고개 숙여 사죄하고 이들의 실질적인 명예회복을 위한 법적·제도적 장치를 만들어야 한다."

4.9통일평화재단

사법살인의 책임자들

대통령
1975년 2월 미결인 인혁당 관련자들을 간첩행위자라며 부진한 재판 진행을 질타함.

박정희

국무총리
중앙정보부와 국방부, 법무부 관리를 소홀히 함.

김종필

대법원장
친일파 민병석의 아들로서 1964년 1차 인혁당 사건 당시 법무부 장관이었고, 2차 인혁당 사건 당시 대법원장이었음. 현재 현충원에 안장됨.

민복기

법무부 장관
1975년 2월 미결인 인혁당을 김일성의 지시로 만들어진 지하당이라고 주장함.

황산덕

국방부 장관
대법원 판결 전 사형 집행 명령서를 미리 작성함.

서종철

검찰총장
검찰 조사와 재판 검사를 지휘함.

김치열

신직수

중앙정보부장
1964년 1차 인혁당 사건 당시 검찰총장을 지냄.

이용택

중앙정보부 6국장
박정희에게 인혁당 수사 상황을 수시로 보고했다고 증언함. 1964년 1차 인혁당 사건 때 수사5국 대공과장을 지냄.

윤종원

중앙정보부 수사 팀장
공안 수사관들과 함께 온갖 고문으로 피의자 진술서를 조작함.

문호철

서울고등법원 검사
피고인들이 고문으로 진술서가 조작되었다고 주장하자 이를 무시하고 피고인들을 겁박하여 기소를 강행함.

구분	재판	판사
1심	보통 군법회의	박현식, 류병현, 박희동, 이희성, 강신탁, 신현수, 권종근, 신정철, 박천식
2심	고등 군법회의	이세호, 윤성민, 차규헌, 문영극, 박정근
3심	대법원	민복기(대법원장), 홍순엽, 이영섭, 주재황, 김영세, 민문기, 양병호, 이병호, 한환진, 임창준, 안병수, 김윤행, 이일규(홀로 반대의견 제출)

추천의 말
인혁당 유가족들의 아픔을 함께 나누며

인혁당 사건은 실로 엄청난 범죄였습니다. 어떻게 하루아침에 집안의 가장들을 그렇게 처참히도 살해할 수 있었는지요. 박정희는 인간도 아니었습니다. 피에 굶주린 악마였습니다. 권력을 탐한 나머지 하느님이 주신 인간성을 상실한 자였습니다.

당시 저는 신부였지만, 도저히 묵과할 수 없었습니다. 하루아침에 가장을 잃고 울부짖는 부인들과 가족들을 모른 척할 수 없었습니다. 그래서 저는 그들과 함께 있었고 그들의 아픔을 위로해 주고자 했습니다. 오랜 시간이 지났지만 아직도 그 현장은 생생하기만 합니다.

벌써 10여년의 세월이 흘렀군요. 서초동 법원에서 판사로부터 '인혁당은 무죄다'라는 소리를 듣는 순간 저는, 또다시 유가족들과 부둥켜안고 울어야 했습니다. 무죄라는 말은 32년 전인 1975년 4월 8일에 들어야 했던 소리였으니까요. 그러나 그 당시에 법관들은 잔인무도하게도 권력에 굴종하고 말았습니다.

《그해 봄》을 보니 작가가 인혁당 가족들의 아픔을 보듬어 주려는 마음이 잘 드러나 보이더군요. 그동안 이야기로만 회자되던 그날의 슬픔을 이렇게 잘 그려내다니……. 박건웅 작가님 수고 많으셨습니다. 이렇게 귀한 책을 우리에게 전해 주시니 정말로 고마울 따름입니다. 이제는 더 욕심이 납니다. 작가의 노고를 토대로 영화로 만들어지면 어떨까 하는 생각도 들었습니다.

최근에 영화 〈1987〉이 나와 30년 전 6월 항쟁을 잘 그려 냈습니다. 그날을 직접 경험하지 못한 세대들에게는 큰 도움이 되었을 것이라고 봅니다. 《그해 봄》도 그렇게 될 것입니다. 인혁당을 경험하지 못한 세대에게 유가족들이 짊어져야 했던 고통이 무엇인지 생생하게 전달해 줄 것입니다.

더불어 《그해 봄》이 아직도 아픈 기억에서 벗어나고 있지 못한 유가족들에게 위로가 되기를 바랍니다. 그 위로는 다른 것이 아닙니다. 유가족들이 겪어야 했던 고통은 이 땅에 사는 모두의 고통이었습니다. 유족들의 아픔을 우리 모두 나누어 같이 집시다. 그리고 나누어진 짐의 무게를 감당하면서 결심합시다. 다시 그러한 일이 되풀이되지 않도록 우리 모두가 노력해 나갈 것이라고 결심합시다.

2018년 4월
4.9통일평화재단 이사장 문정현

작가의 말
봄날 피어나는 꽃처럼

1975년 그해 봄, 나는 네 살이었습니다. 집앞에 있는 공터가 생각나고 공터 가운데에 서 있던 큰 플라타너스 나무가 생각납니다. 무슨 까닭에서인지 모르지만 어느 날 큰 나무가 잘렸고 나는 그 나무 그루터기에서 만화책도 읽고 구슬치기도 하며 놀았습니다. 그때 그루터기 사이로 삐져나와 자라는 잎사귀들을 보며 참 신기해 했던 기억이 납니다.

그러나 어른들은 나무가 공터 중앙에 놓여 있어 아이들 놀이에 방해가 된다고 생각해서였을까요, 어느 날 그 그루터기는 흔적도 없이 사라져버렸습니다.

초등학교 시절에 <똘이장군>이라는 만화영화가 있었습니다. 부모님 손잡고 가서 봤던 그 영화는 돼지왕 밑에서 고통스럽게 살아가는 북쪽 사람이 나오고 그들을 괴롭히는 돼지와 늑대 무리들을 똘이장군이 정의의 힘으로 무찌른다는 내용이었습니다.

인상 깊은 것은 늑대들이 사람들의 일상을 감시하고 통제하며 돼지왕에게 저항하는 사람들을 전부 감옥에 가두고 괴롭힌다는 설정이었습니다. 그것은 공산당 독재 체제인 추운 나라 북한에 대한 이야기였습니다. 나는 어떻게 이런 나쁜 놈들이 있냐고 하면서 "똘이장군 나가신다 길을 비켜라, 똘이장군 나가신다 겁낼 것 없다. 똘이장군 만만세!"를 외치고 친구들과 만화영화 주제가를 부르면서 온 동네를 돌아다녔던 기억이 납니다. 그런데 그땐 몰랐습니다. 그런 일은 북쪽만이 아니라 따뜻한 내 나라 남쪽에서도 일어나고 있다는 사실을······.

신문에는 굳은 표정을 한 여덟 사람의 사진이 실려 있고, 정부는 텔레비전을 통해 이들이 간첩이라고 대대적으로 보도를 해서 어린 나 역시 무심코 흘려들었을 것입니다. 아침 조회 시간이면 두 시간을 서서 줄 맞추던 시절, 오후 여섯 시만 되면 어디에선가 애국가가 울려 퍼지고 길을 가던 사람들은 태극기가 어디 있는지도 모른 채 어딘가를 향해 가슴에 손을 얹고 얼음처럼 멈추어 섰던 기억······. 조금이라도 움직이면 애국심이 투철하지 않은 것이라는 어른들의 말을 믿으며, 멈추지 않고 그냥 걸어가던 어떤 사람을 힐난하던 내가 떠오릅니다.

그동안 여러 작업을 하면서 내가 늘 궁금했던 것은 거대한 국가 권력의 폭력 앞에서 가해자와 피해자가 아닌 침묵하는 다수의 방관자들이었습니다. 사실을 몰라서 외면했던 것일까, 아니면 관심을 갖지 않는 편이 더 낫다고 생각했을까, 약자를 짓밟는 상사의 편에 시시 지신들도 약자이면서 나는 약자인 너희들과 다르다는 것을 보여 주려고 한 걸까……. 불의에는 침묵하고 정의에 항거했던 우리들의 모습이었습니다. 괴물들은 늘 삼팔선 너머에서 우리를 호시탐탐 노리고 있다고 말하지만, 어쩌면 진짜 괴물은 그 괴물을 바라보는 우리들이었는지도 모르겠습니다.

인혁당 사형수, 그들이 불온한 간첩이 아닌 누군가의 아버지이며 남편이고 민주주의와 통일을 생각했던 평범한 시민으로 돌아오기까지 수십 년의 시간이 필요했습니다. 그리고 그 뒤에는 봄꽃들이 수십 번 피고 지는 동안 늘 정부의 감시와 통제 속에 살아야 했던 식구들의 고통스런 삶이 있었습니다.

처음 만화를 시작하면서 그때 당시 나와 나이가 비슷했던 자녀들의 시선으로 이야기를 그려 나갔습니다. 그런데 만화가 마무리될 시점에는 아버지의 시선으로 그리고 있는 것을 느꼈습니다. 어느새 현실은 나도 아이를 가진 아버지가 되어 있었던 것입니다. 사랑하는 사람들을 두고 다시는 돌아올 수 없는 길을 떠나야 하는 심정, 그것은 그 어떤 고통보다도 깊을 것이기에 그 깊이를 가늠하면서 작업하기란 쉽지 않았습니다.

이 만화는 박근혜 정부 시작과 끝 사이에 진행된 작품이어서 나로서도 많은 의미가 있습니다. 어느 날 불쑥 또다시 우리에게 찾아왔던 유신의 '추억'을 돌이켜보며 더 이상 침묵하는 방관자로 살지 않기를 희망합니다.

많은 지원을 해주신 4.9통일평화재단 관계자 분들과 힘겹지만 용기 있는 삶을 살아오신 인혁당사건 유가족 분들께 깊은 감사와 위로를 전합니다.

표지에는 여덟 분이 생전에 좋아하셨던 꽃들을 그렸습니다. 봄날 새롭게 피어나는 꽃처럼 봄이 오면 우리 곁에 살아오시리라 믿습니다.

2018년 4월 봄날 새벽에
박건웅

만화 | 박건웅

1972년 서울에서 태어났다. 어렸을 때부터 그림 그리기를 좋아했으며 대학에서
회화를 전공했다. 한국 근현대사의 숨겨진 이야기에 관심을 가지고 작업을 하고 있다.
빨치산 이야기를 다룬 《꽃》과 한국전쟁 당시 미군의 민간인 학살을 다룬 〈노근리 이야기〉,
제주 4·3항쟁을 그린 《홍이 이야기》, 비전향 장기수인 허영철 선생의 삶을 다룬 《어느 혁명가의 삶》,
민주주의자 김근태가 남영동에서 견뎌 낸 22일을 기록한 《짐승의 시간》, 국민보도연맹 사건을 그린
《어느 물푸레나무의 기억》, 독립운동가의 삶을 다룬 《제시 이야기》 들을 만화로 그렸다.
작품마다 주제에 맞는 여러 가지 기법을 써서 어려운 소재들과 역사의식을 풀어내고 있다.
지금은 부천에서 눈에 보이지 않는 세상을 눈에 보이게 하는 만화 작업에 푹 빠져 있다.
2002년 대한민국만화대상 신인상, 2011년 오늘의 우리만화상,
2014년 부천만화대상 대상을 받았다.

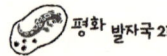

그해 봄

인혁당 사형수 8명의 이야기

2018년 4월 9일 1판 1쇄 펴냄 | 2022년 4월 27일 1판 6쇄 펴냄

만화 박건웅
편집 김로미, 김성재, 이경희 | **디자인** 서채홍 | **제작** 심준엽
영업 나길훈, 안명선, 양병희, 원숙영, 조현정 | **독자 사업(잡지)** 이보리, 정영지 | **새사업팀** 조서연
경영 지원 신종호, 임혜정, 한선희 | **인쇄와 제본** (주)상지사P&B
펴낸이 유문숙 | **펴낸 곳** (주)도서출판 보리 | **출판등록** 1991년 8월 6일 제9-279호
주소 (10881)경기도 파주시 직지길 492 | **전화** 031-955-3535 | **전송** 031-950-9501
누리집 www.boribook.com | **전자우편** bori@boribook.com

ⓒ 박건웅, 2018
이 책의 내용을 쓰고자 할 때는 저작권자와 출판사의 허락을 받아야 합니다.
잘못된 책은 바꾸어 드립니다.
값 22,000원

보리는 나무 한 그루를 베어 낼 가치가 있는지 생각하며 책을 만듭니다.

ISBN 978-89-8428-823-2 07300

이 도서의 국립중앙도서관 출판예정도서목록(CIP)은 서지정보유통지원시스템 홈페이지(http://seoji.nl.go.kr)와
국가자료공동목록시스템(http://www.nl.go.kr/kolisnet)에서 이용하실 수 있습니다. (CIP제어번호: CIP2018008968)

이 책은 '2017 다양성만화제작지원사업' 선정작으로 문화체육관광부와 한국만화영상진흥원의 지원으로 제작되었습니다.